KSIĄŻKA KUCHARSKA KLASYCZNEGO CHLEBA HISZPAŃSKIEGO

Zbiór 100 pikantnych i słodkich przepisów na chleb hiszpański

Stanisław Chmielewski

Materiały chronione prawami autorskimi ©2023

Wszelkie prawa zastrzeżone

Żadna część tej książki nie może być używana ani przekazywana w jakiejkolwiek formie i w jakikolwiek sposób bez odpowiedniej pisemnej zgody wydawcy i właściciela praw autorskich, z wyjątkiem krótkich cytatów użytych w recenzji. Tej książki nie należy traktować jako substytutu porady medycznej, prawnej ani innej profesjonalnej porady.

SPIS TREŚCI

SPIS TREŚCI	**3**
WSTĘP	**8**
HISZPAŃSKA KLASYKA	**9**
1. Hiszpański chlebek czekoladowy	10
2. Chleb Mollete	12
3. Pan z pomidorem	15
4. Rustykalny chleb hiszpański	17
5. Pan De Horno	20
6. Hiszpański słodki chleb mleczny	22
7. Pan Basico	25
8. Ciasto spiralne z Majorki (Ensaimada)	28
9. Chleb Galicyjski (Pan Gallego)	31
10. Hiszpańskie Kruche Ciastka (Polvorones)	34
11. Biszkopt Hiszpański (Sobao Pasiego)	36
12. Hiszpański Chleb Wielkanocny (Hornazo)	38
13. Hiszpański Chleb Migdałowy (Mazapan)	41
14. Kubański Podpalany Chleb	44
15. Brązowy Kubański Chleb	46
16. Podstawowy pan dulce (hiszpański słodki chleb)	48
KROKIETY	**51**
17. Krokiety Ziemniaczane	52
18. Croquetas de Jamon	54
19. Pieczone krokiety z łososia	57
20. Krokiety z ostrygami	59
21. Krokiety ryżowe	62
22. Krokiety z komosy ryżowej/ziemniaków	64

23. Krokiety z mięsem — 66

HISZPAŃSKIE FRANCUSKIE TOSTY — 68

24. Podstawowy Torrijas — 69

25. Torrijas w polewie cukrowej — 72

26. Torrija pszczół miodnych — 74

HISZPAŃSKIE CHURRO — 76

27. Podstawowe Churros — 77

28. Cynamonowe churros — 79

29. Churros i czekolada — 81

30. Plantany Churros — 83

31. Hiszpańskie churros Red Velvet — 85

32. Rzemieślnicze churros z San Diablo — 87

33. Pieczone Churros — 90

HISZPAŃSKI CHLEB KUKURYDZIANY — 93

34. Chleb kukurydziany na żeliwnej patelni — 94

35. Chleb kukurydziany z patelni — 96

36. Prawdziwy hiszpański chleb kukurydziany — 98

37. Cętkowany Pies Irlandzki Chleb — 100

38. Bąbelkowy Chleb Parmezanowo-Bekonowy — 102

39. Irlandzki chleb sodowy na patelni — 104

40. Ziołowy Chleb Z Patelni — 106

41. Żeliwny Chleb Kukurydziany — 108

42. Chleb Z Kukurydzy — 110

43. Chleb kukurydziany z cukinii — 112

44. Słodki chleb kukurydziany na maślance — 114

45. Chleb kukurydziany pani Patti — 116

46. Najlepszy chleb kukurydziany — 118

47. Podstawowy chleb kukurydziany na maślance — 120

48. Chleb kukurydziany z gorącą wodą — 122
49. Irlandzki pikantny chleb kukurydziany — 124
50. Wilgotny Wegański Chleb Kukurydziany — 126
51. Chleb piwny Bubba — 128
52. Chleb kukurydziany z żeliwnej patelni — 130
53. Żeliwny Chleb Kukurydziany — 132
54. Chleb Münster — 134
55. Chleb kukurydziany z awokado — 136

HISZPAŃSKI PUDDING CHLEBOWY — 139

56. Meksykańska Capirotada — 140
57. Hiszpański budyń chlebowy z jabłkami i rodzynkami — 142
58. Pudín de Pan — 144
59. Pudding z chleba akadyjskiego — 147
60. Pudding chlebowy z brandy — 149

CHLEB SEROWY HISZPAŃSKI — 151

61. Hiszpański chleb cheddar — 152
62. Hiszpański Chleb Serowy — 154
63. Chleb Hiszpański z Parmezanem — 156

PIECZYWO HISZPAŃSKIE — 158

64. Hiszpański Podpłomyk — 159
65. Tortas De Aceite — 162
66. Chleb Nadziewany Szpinakiem — 165
67. Podpłomyki serowo-ziołowe — 167
68. Chrupiący chleb kukurydziany — 170

HISZPAŃSKA EMPANADA — 173

69. Empanada Gallega — 174
70. Empanada galicyjska — 177
71. Indycze empanady — 180

72. Salsa Verde Złote empanady z kurczaka	182
73. Pikantne Tempeh Empanadas	185
74. Szybkie empanady pinto-ziemniaczane	188
75. Empanady opalane drewnem	190
76. Czekoladowe empanady z orzechami laskowymi	192

HISZPAŃSKA PIZZA — 194

77. Katalońska koka	195
78. Hiszpańska Pizza Chorizo	198
79. Pizza z małżami, kiełbasą i orzechami laskowymi	200

OWOCOWY CHLEB HISZPAŃSKI — 202

80. Pieczony hiszpański chleb jagodowy	203
81. Chleb Orkiszowy Z Pomarańczą	206
82. Chleb pszenny z kiełkami jagodowymi	208
83. Hiszpański chleb gruszkowy	210

ZIOŁOWY CHLEB HISZPAŃSKI — 212

84. Hiszpański chleb z kremem bazyliowym	213
85. Hiszpański chleb ziołowy	215
86. Chleb Rozmarynowy	218
87. Chleb Na Zakwasie Z Zieloną Herbatą	220

CHLEB HISZPAŃSKI Z ORZECHAMI I NASIONAMI — 222

88. Hiszpański chleb nadziewany orzechami laskowymi	223
89. Chleb Orzechowy	226
90. Chleb Orzechowy	228
91. Chleb anyżowy	230
92. Chleb słonecznikowy	232
93. Chleb z kiełków lucerny z pestek dyni	234
94. Chleb z serem i sezamem	236

95. Hiszpański chleb sezamowy 238

CHLEB WARZYWNY I ZBOŻOWY **240**

96. Zakwas Ziemniaczany 241
97. Chleb Marchewkowy 243
98. Chleb z oliwek 245
99. Chleb owsiany 247
100. Chleb Z Soczewicy 249

WNIOSEK **251**

WSTĘP

Podsumowując, książka kucharska dotycząca hiszpańskiego chleba jest obowiązkowa dla każdego miłośnika chleba, który chce odkrywać nowe smaki i techniki. Dzięki 100 przepisom do wyboru, znajdziesz coś na każdą okazję i preferencje smakowe. Nasza książka kucharska została zaprojektowana tak, aby była dostępna dla piekarzy na każdym poziomie umiejętności, więc nie daj się zastraszyć, jeśli dopiero zaczynasz piec chleb. Dzięki naszym szczegółowym instrukcjom i pomocnym zdjęciom rozpętasz burzę w mgnieniu oka.

Dlaczego więc nie dodać odrobiny Hiszpanii do swojego repertuaru wypieków i odkryć pyszny świat hiszpańskich chlebów? Niezależnie od tego, czy na śniadanie masz ochotę na kawałek pan con tomate, czy na deser churros, nasza książka kucharska będzie Twoim podstawowym źródłem wiedzy o hiszpańskim chlebie.

HISZPAŃSKA KLASYKA

1. Hiszpański chleb czekoladowy

Porcje: 10 porcji

SKŁADNIKI:
- ½ szklanki mleka
- ¼ szklanki wody
- 1 duże jajko; w temperaturze pokojowej
- 2 łyżki niesolonego masła; stopiony
- 3 łyżki cukru
- 2 szklanki mąki chlebowej
- 2 łyżki niesłodzonego kakao; najlepiej kakao z procesu holenderskiego
- 1 łyżka glutenu
- ¾ łyżeczki kawy rozpuszczalnej w proszku
- ¾ łyżeczki soli
- ½ łyżeczki mielonego cynamonu
- ¼ łyżeczki suszonej skórki pomarańczowej
- 1½ uncji gorzkiej czekolady
- 1½ łyżeczki drożdży z maszyny do chleba

INSTRUKCJE:
a) Umieść wszystkie składniki w maszynie do pieczenia chleba w kolejności sugerowanej przez producenta.
b) Ustaw skórkę na światło, jeśli twoja maszyna ma opcje ustawień skórki, zaprogramuj dla słodkiego chleba i naciśnij przycisk start.
c) Po zakończeniu cyklu pieczenia natychmiast wyjąć chleb z maszyny na kratkę chłodzącą.
d) Schłodzić do temperatury pokojowej przed krojeniem.
e) Przepis na 1 bochenek, około 10 kromek.

2. **Chleb Mollete**

Porcja: 5 rolek

SKŁADNIKI:
- ⅔ szklanki ciepłej wody plus jeszcze 3 łyżki stołowe (200 ml)
- 1 łyżka cukru granulowanego
- 2 ¼ łyżeczki suchych drożdży (7 gr)
- 2 szklanki mąki chlebowej (250 gr)
- ¾ szklanki mąki pełnoziarnistej (100 gr)
- 1 łyżeczka soli
- 1 ½ łyżki otrębów pszennych, opcjonalnie
- 1 łyżka mleka w proszku
- 2 łyżki oliwy z oliwek extra virgin (30 ml)

INSTRUKCJE:

a) Rozpuść cukier w ciepłej wodzie, wymieszaj z suchymi drożdżami i pozostaw do uaktywnienia (pieni się) na mniej więcej 5 minut

b) W misce dodaj pozostałe składniki oprócz mieszanki drożdży i oleju. Dobrze wymieszaj

c) Używając niskich obrotów miksera, wlej mieszaninę drożdży i olej. Pozwól mu się połączyć, zwiększ prędkość i ugniataj przez 10 minut

d) Z ciasta uformować kulę i włożyć do wysmarowanej tłuszczem miski i dokładnie posmarować olejem. Odstawić do wyrośnięcia, aż podwoi swoją objętość, w ciepłym miejscu

e) Wyjąć ciasto i zwinąć w wałek, mniej więcej. Z grubsza podzielić ciasto na 5 części. Uformuj z nich kulki

f) Każdą z kulek rozwałkować na owalne krążki o grubości mniej więcej 2 cm. Ułóż je na posypanej mąką blasze, na blasze do pieczenia. Przykryj szczelnie blachę do pieczenia natłuszczoną folią spożywczą. Zostawić do wyrośnięcia, aż podwoi swoją objętość

g) Rozgrzej piekarnik do 340ºF (170ºC). Wlej trochę wrzącej wody do blachy do pieczenia i umieść ją na dolnej powierzchni piekarnika. Spowoduje to wytworzenie pary, która pomoże mollete pięknie urosnąć podczas pieczenia. Włóż blachę do pieczenia z molletem do piekarnika i piecz przez 25 minut lub do uzyskania złotego koloru i pełnego ugotowania. *temperatura piekarnika jest różna, więc odpowiednio ją dostosuj

h) Kiedy będą gotowe, ostudź je na metalowej kratce. Pokrój je na połówki, usmaż i jedz z dowolnymi dodatkami lub pastami, na które masz ochotę

3. Pan z pomidorem

Robi: 3

SKŁADNIKI:
- 1 ząbek czosnku (rozgnieciony)
- 1 łyżka. sól
- 4 średniej wielkości pomidory (starte w celu pozbycia się skórki i nasion)
- 1 łyżka. Oliwa z oliwek
- 1 bochenek krojonego chleba (przaśnego lub pełnoziarnistego)

INSTRUKCJE:
a) Tostuj kromki chleba w temperaturze 250 F̊, aż każda kromka będzie brązowa z obu stron.
b) Do miski wlej oliwę z oliwek. Dodaj sól do miski. Dobrze wymieszać.
c) Rozsmaruj sok z czosnku na podpieczonym chlebie.
d) Rozłóż startą mieszankę pomidorową na chlebie.
e) Rozprowadź mieszankę oleju i soli również na chlebie.
f) Natychmiast podawaj

4. Rustykalny Hiszpański Chleb

PORCJI 2 duże bochenki

SKŁADNIKI:
- 2 3/4 szklanki 650 ml wody
- 5 łyżeczek lub 2 opakowania 14 g aktywnych suchych drożdży
- 7 filiżanek 900 gramów mąki chlebowej
- 1 łyżka 14g soli
- 1/4 szklanki 60 ml oliwy z oliwek, najlepiej extra virgin
- Mąka kukurydziana do posypania blachy do pieczenia

INSTRUKCJE:

a) Wsyp drożdże do lekko ciepłej (95 stopni) wody w małej misce lub miarce. Lekko wymieszaj. Odstaw na 10 minut.

b) Odmierz mąkę i umieść w misce miksera kuchennego z dołączonym hakiem do ciasta. Jeśli robisz to ręcznie, umieść mąkę w dużej misce do mieszania.

c) Włączyć mikser, dodać sól do mąki i wymieszać. Podczas pracy miksera powoli wlewaj oliwę z oliwek do mąki. Jeśli robisz ręcznie, użyj trzepaczki.

d) Powoli wlewać mieszaninę drożdży i wody. Pozwól, aby ciasto wyrabiało się maszynowo przez 4 minuty.

e) Jeśli wyrabiasz ręcznie, drewnianą łyżką wymieszaj mąkę z drożdżami i wodą, a następnie przełóż ciasto na oprószony mąką blat i ugniataj przez 5 minut.

f) Po wyrobieniu powinno powstać gładkie, sprężyste ciasto, które lekko odbija się po naciśnięciu palcem. Sprawdź konsystencję ciasta podczas wyrabiania. Jeśli ciasto się klei, dodaj do 1/2 szklanki dodatkowej mąki.

g) Przykryj ciasto w misce woskowanym papierem spryskanym sprayem do gotowania, a następnie ręcznikiem kuchennym. Odstawiamy do wyrośnięcia na 1 godzinę lub do podwojenia objętości.

h) Wyrośnięte ciasto wyrabiać ręcznie na oprószonym mąką blacie przez około minutę, aby usunąć powietrze. Uformuj z ciasta 2 równej wielkości kulki i umieść na 15-calowej blasze do pieczenia obficie posypanej mąką kukurydzianą.

i) Ponownie przykryj bochenki woskowanym papierem i ręcznikiem kuchennym i pozostaw do ponownego wyrośnięcia na 20-25 minut lub do podwojenia objętości. W międzyczasie rozgrzej piekarnik do 425 stopni.

j) Piecz bochenki przez 23-25 minut lub do zrumienienia. Piec 5 minut dłużej, aby uzyskać bardziej chrupiącą skórkę.

5. Pana De Horno

SKŁADNIKI:
- 2 szklanki kukurydzy cariaco
- 1/2 szklanki świeżego płynnego mleka
- ¼ szklanki oleju
- 1 łyżeczka cynamonu
- 1 łyżeczka słodkich goździków
- 1 łyżeczka słodkiego anyżu
- 3 jajka
- 1 szklanka tartego papelón

INSTRUKCJE:
a) Umieść kukurydzę cariaco, aby gotowała się w garnku tylko przez 10 minut, aby się nie ugotowała, ale raczej nasiąkła;
b) Zmiel w zwykłym młynku do kukurydzy, wyjmij ciasto i zagnieć je razem z pozostałymi składnikami
c) Zagniataj bardzo dobrze, aż masa nie będzie kleić się do rąk, odstaw na 15 minut.
d) Rozgrzej piekarnik do 180 ° C lub 350 ° F.
e) Rozwałkuj ciasto i wyjmij porcje po 30 g i rozciągnij je na kształt cienkiego batonika
f) Połącz końce, aby utworzyć pierścienie lub pączki.
g) Umieść liście bananowca na tacy i wstaw do piekarnika na 30 minut.
h) Wyjąć z piekarnika i pozostawić w temperaturze pokojowej.
i) Podawaj i ciesz się

6. Hiszpański Słodki Mleczny Chleb

Porcje: 4 porcje
SKŁADNIKI:
- 3 uncje (100 ml.) letniego mleka
- 1 koperta (1/4 uncji) suchych drożdży
- 1 jajko
- 1/2 kostki (50 g) miękkiego masła
- 1/3 w. (70 gr.) cukier granulowany
- 1 ½ c. (200 gr.) niebielona biała mąka
- 2-3 łyżki. oleju roślinnego

a) Wmieszaj suszone drożdże do podgrzanego mleka, aż się rozpuszczą.
b) Przykryć małym ręcznikiem kuchennym i odstawić w ciepłe miejsce, z dala od przeciągów na 10 minut.
c) Utrzyj masło i cukier w średniej wielkości misce do mieszania.
d) Wbij jajko do masy maślano-cukrowej.
e) Dodaj mieszankę drożdżowo-mleczną i dokładnie wymieszaj.
f) Dodaj mąkę do miski miksera, po 1/2 szklanki na raz. Mieszaj mąkę drewnianą łyżką, aż ciasto utworzy kulę. W razie potrzeby dodawaj po 1 łyżce mąki, aż powstanie miękkie ciasto.
g) Ciasto oprószyć 1 łyżką mąki.
h) Przykryj miskę mokrym ręcznikiem kuchennym i umieść w ciepłym miejscu, z dala od przeciągów. Pozostawić do wyrośnięcia na 30 minut.
i) Odkryć ciasto. Po wyrośnięciu ciasto będzie miękkie, gąbczaste i lepkie.
j) Posmaruj ręce olejem i zagniataj ciasto 5 do 6 razy.
k) Ciasto podzielić na 4 części.
l) Uformować kulki lub prostokąty i ułożyć na blasze lub kamieniu do pieczenia.
m) Pozostawić do wyrośnięcia na 15 minut. Rozgrzej piekarnik do 400 ° F (200 ° C).
n) Piecz chleb przez 7 minut. Wyjąć i posmarować chleb olejem roślinnym.
o) Wstaw ponownie do piekarnika i piecz dalej przez 7-10 minut. Wyjąć, gdy chleb zacznie się rumienić. Pozostawić do ostygnięcia na 5 minut, a następnie podawać z masłem lub dżemem.

7. Pan Basico

Porcje: 8 do 10 porcji

SKŁADNIKI:
- 1 1/3 szklanki wody, podzielone
- 1 (1/4 uncji) koperta (2 1/4 łyżeczki) aktywnych suchych drożdży
- 1/2 łyżeczki cukru
- 4 szklanki (500 gramów) mąki uniwersalnej
- 1 1/2 łyżeczki soli
- 1 duże jajko
- 1 łyżka wody

a) Odmierz 2/3 szklanki wody do kubka nadającego się do użytku w kuchence mikrofalowej. Podgrzewaj wodę w kuchence mikrofalowej przez kilka sekund, aż będzie letnia.
b) Przelej wodę do dużej miski do mieszania. Wymieszaj drożdże i cukier w ciepłej wodzie, ciągle mieszając, aż oba całkowicie się rozpuszczą.
c) W średniej misce wymieszaj mąkę i sól.
d) Za pomocą drewnianej łyżki stopniowo mieszaj mieszaninę mąki i soli z wodą i mieszanką drożdży. Wymieszaj pozostałe 2/3 szklanki wody, aż powstanie miękkie ciasto. W razie potrzeby dodaj więcej wody, 2 łyżki stołowe na raz.
e) Zagniataj ciasto przez 1 do 2 minut, aby uformować miękką kulę ciasta.
f) W misce do mieszania przykryj ciasto mokrą ściereczką. Miskę odstawić w ciepłe miejsce z dala od przeciągów i odstawić ciasto na 40 minut do wyrośnięcia.
g) Zagnieść ciasto 5 do 6 razy. Uformuj z niego 1 dużą kulę na jedną rundę lub podziel na 2 części i z każdej uformuj mniejsze rundy. Aby zrobić bagietkę, podziel ciasto na 2 części i uformuj z nich długie, grube liny o długości około 12 cali. Skręć kawałki razem i ściśnij końce razem.
h) Umieść ciasto na kamieniu do pieczenia lub blaszce wyłożonej pergaminem. Odstawiamy do wyrośnięcia w ciepłe miejsce na 15 minut.

i) Rozgrzej piekarnik do 425 F. W małej misce ubij jajko z 1 łyżką wody, aby uzyskać mycie jaj.

j) Po wyrośnięciu naciąć górę ciasta i piec przez 7 minut, następnie wyjąć z piekarnika i posmarować roztrzepanym jajkiem, aby uzyskać błyszczącą skórkę. Wstaw z powrotem do piekarnika i kontynuuj pieczenie przez około 18 do 24 minut. Chleb jest upieczony, gdy zarejestruje temperaturę od 190 F do 200 F na termometrze z natychmiastowym odczytem umieszczonym w środku chleba. Powinien być również złotobrązowy i wydawać głuchy dźwięk po stuknięciu w dno.

k) Wyjąć z piekarnika i pozostawić do całkowitego ostygnięcia na kratce.

8. Ciasto Spiralne z Majorki (Ensaimada)

Ilość na: 18 ciastek

SKŁADNIKI:
- 3 1/4 łyżeczki suchych aktywnych drożdży
- 1 1/4 szklanki mleka, podgrzanego do letniego
- 25 uncji białej mąki chlebowej, podzielonej
- 4 duże jajka
- 3/4 szklanki cukru
- 7 uncji tłuszczu warzywnego
- 1/4 szklanki cukru pudru do dekoracji

Kroki, aby to zrobić
a) Wymieszaj drożdże z letnim mlekiem w szklanej miarce, aż się rozpuszczą.
b) Umieść połowę mąki w dużej misce do mieszania.
c) Stopniowo wlewaj mieszankę mleczno-drożdżową, cały czas mieszając.
d) Mieszaj, aż składniki utworzą ciasto.
e) Przykryj miskę plastikową folią i umieść w ciepłym miejscu. Pozostaw do wyrośnięcia, aż ciasto podwoi swoją objętość, około 1 godziny.
f) Gdy ciasto rośnie, wyjmij jajka z lodówki, aby osiągnęły temperaturę pokojową.
g) Gdy ciasto wyrośnie, dodajemy po jednym jajku. Użyj dużej łyżki lub rąk, aby połączyć jajka z ciastem.
h) Następnie dodać cukier i mieszać, aż ciasto wchłonie cukier.
i) Wmieszaj pozostałą mąkę, zagniatając lepkie ciasto rękami przez 4 do 5 minut, aż ciasto utworzy kulę.
j) Przykryj szczelnie folią spożywczą i pozostaw do wyrośnięcia na 30 do 45 minut.
k) Lekko posyp mąką deskę lub powierzchnię.
l) Za pomocą wałka do ciasta rozwałkuj ciasto bardzo cienko. Powinien się rozciągnąć, tworząc 24-calowy kwadrat.
m) Dłońmi wetrzyj tłuszcz roślinny w wierzch ciasta.
n) Zwiń ciasto tak, jakbyś robiła galaretkę.

o) Pokroić w krążki o grubości około 1 cala. (Powinno to zrobić około 18 rund.)
p) Przełożyć rundy na talerz.
q) Ponownie lekko posyp mąką deskę do krojenia.
r) Rękami zwiń każdy kawałek ciasta w długi zwój lub linę.
s) Następnie zwiń każdy zwój jak muszlę ślimaka, tworząc tradycyjny kształt ensaïmadas.
t) Blachy lub kamień do pieczenia wyłóż papierem do pieczenia.
u) Umieść ensaïmadas na pergaminie, pozostawiając między nimi dużo miejsca, ponieważ urosną. Zostawić do wyrośnięcia, aż podwoi swoją objętość, najlepiej na całą noc w lodówce. Nocny czas wyrastania pozwala na dalszą fermentację, dodając smaku i wielkości. W rzeczywistości ensaïmadas mogą potroić swój rozmiar.
v) Rozgrzej piekarnik do 350 F/180 C. Piecz przez 12 do 15 minut na środkowej półce, aż wierzch się zarumieni.
w) Pozostawić do ostygnięcia na 10 do 15 minut, a następnie posypać cukrem pudrem. Cieszyć się!

9. Chleb Galicyjski (Pan Gallego)

Porcje: 20 plasterków

SKŁADNIKI:
DLA KONSTRUKCJI LEVAIN
- 50 gramów dojrzałego startera
- 50 gramów mąki chlebowej
- 25 gramów mąki pełnoziarnistej
- 25 gramów pełnoziarnistej mąki żytniej
- 90 gramów letniej (100 stopni F) wody

KOŃCOWE CIASTO
- 425 gramów mąki chlebowej
- 75 gramów pełnoziarnistej mąki żytniej
- 425 gramów wody o temperaturze pokojowej
- 100 gramów zakwasu
- 10 gramów soli

INSTRUKCJE:
ZBUDOWAĆ LEVAINA

a) Połącz zaczyn SKŁADNIKI: w średniej misce. Wymieszaj, przykryj folią i pozostaw w temperaturze pokojowej na cztery godziny.

b) Użyj natychmiast lub umieść zaczyn w lodówce do 12 godzin, aby użyć go następnego dnia.

c) Aby zrobić ostateczne ciasto

d) Wymieszaj mąki i 325 gramów wody. Dodać jeszcze 50 gramów wody i wymieszać, przykryć i odstawić na 45 minut.

e) Dodaj zaczyn i 25 gramów więcej wody i wymieszaj, aby połączyć. Przykryć i odstawić na 1 godzinę.

f) Dodaj sól i 25 gramów wody do ciasta i palcami uszczypnij i wyciśnij sól do ciasta, aby się rozpuściła.

g) Gdy sól się rozpuści, rozciągnij i złóż ciasto kilka razy. Przykryć i odstawić na 30 minut.

h) Rozciągnąć i ponownie złożyć ciasto. Przykryj i pozostaw masę do wyrośnięcia na cztery godziny.

i) Z ciasta uformować kulę i odstawić na 15 minut. Dokręć bochenek i umieść go w wyłożonym ręcznikiem bannetonie, szwem do góry i przykryj naoliwioną plastikową folią.
j) Wyrośnij bochenek w temperaturze pokojowej przez 2 do 3 godzin.
k) Przenieś bochenek do lodówki i wyrastaj jeszcze przez 8 do 10 godzin.
l) Wyjmij bochenek z lodówki.
m) Niech bochenek osiągnie temperaturę pokojową, około 2 godzin.
n) Rozgrzej piekarnik do 475 stopni F z holenderskim piekarnikiem na środkowym stojaku.
o) Wyrośnięte ciasto wyłożyć na pergamin, łączeniem do dołu. Chwyć górną część ciasta dłonią i podciągnij jak najdalej. Obróć go i uformuj węzeł. Niech opadnie z powrotem na wierzch ciasta.
p) Za pomocą ostrego noża delikatnie wytnij cztery równomiernie rozmieszczone prostopadłe nacięcia w cieście, aby dać mu trochę miejsca na rozszerzenie.
q) Podnieś ciasto z pergaminem do nagrzanego holenderskiego piekarnika, przykryj i umieść bochenek w piekarniku. Piec przez 15 minut. Zmniejsz temperaturę piekarnika do 425 stopni F.
r) Zdejmij pokrywę i dokończ pieczenie przez dodatkowe 15 do 20 minut, aż chleb osiągnie wewnętrzną temperaturę 205 stopni F.
s) Całkowicie ostudzić na stojaku z drutu.

10. Hiszpańskie Kruche Ciastka (Polvorones)

Robi: 25 Ciasteczek

SKŁADNIKI:
- 1 1/2 szklanki mąki uniwersalnej
- 1/4 łyżeczki soli
- 1 1/2 łyżeczki mielonego cynamonu podzielonego
- 1/2 szklanki cukru pudru
- 1 szklanka smalcu
- 1 łyżeczka ekstraktu waniliowego
- 1 szklanka cukru granulowanego

INSTRUKCJE:

a) Nagrzej piekarnik do 350 stopni. Spryskaj arkusze ciastek; odłożyć na bok.

b) W małej misce wymieszaj mąkę, sól i 1/2 łyżeczki cynamonu; odłożyć na bok.

c) W średniej misce utrzyj smalec i cukier puder na jasną i puszystą masę, około 2 minut. Wmieszać wanilię. Wymieszaj mieszankę mąki ze smalcem, aby uzyskać sztywne ciasto.

d) W małej misce wymieszaj 1 szklankę cukru pudru i 1 łyżeczkę cynamonu.

e) Uformuj z ciasta kulki o średnicy 1 cala. Obtocz kulki w mieszance cynamonu. Umieść na nienatłuszczonych blachach do ciastek w odległości 2 cali od siebie.

f) Piec przez 15 do 20 minut w nagrzanym piekarniku lub do momentu, aż spód ciasteczek będzie złocisty (wierzch i krawędzie pozostaną blade). Ostudź ciasteczka przez 3-5 minut lub do momentu, aż zestalą się (przenoszenie bez kruszenia), a następnie przenieś na stojaki z drutu.

11. Biszkopt Hiszpański (Sobao Pasiego)

Porcje: 6-8 porcji

SKŁADNIKI:
- 250 g bardzo miękkiego masła,
- 1 szklanka cukru,
- 3 jajka,
- 2,5 szklanki mąki,
- 1 łyżeczka drożdży instant,
- Skórka otarta z 1/2 cytryny.

INSTRUKCJE:
a) Masło, cukier i drożdże instant ubić mikserem, jeśli to możliwe,
b) Dodaj jajka i skórkę z cytryny i ubij,
c) Stopniowo dodawaj mąkę i mieszaj,
d) Rozłóż mieszankę na żaroodpornym naczyniu o wymiarach 21 * 35 cm wyłożonym papierem woskowanym,
e) Pieczemy w nagrzanym piekarniku do 180 stopni C, aż się zarumieni, a wykałaczka wyjdzie czysta.

12. Hiszpański Chleb Wielkanocny (Hornazo)

Robi: 8

SKŁADNIKI:

- 750 g (5 szklanek) mąki chlebowej
- 10 g (3 łyżeczki) suszonych drożdży
- 1 łyżeczka soli
- 125 ml masła pokrojonego w kostkę
- 440 ml wody
- 1 jajko, lekko ubite
- 1 żółtko roztrzepane z 2 łyżeczkami wody do posmarowania

Pożywny

- 200 plastrów bekonu, obranych ze skórki i grubo posiekanych
- 350 g chorizo, pokrojonych w plastry o grubości 1 cm
- 3 jajka na twardo, pokrojone w ćwiartki

INSTRUKCJE:

a) Połącz mąkę, drożdże i sól w dużej misce. Rozpuść masło w małym rondlu na średnim ogniu. Dodaj wodę i podgrzej, aż będzie letnia. Dodać do suchych składników z ubitym jajkiem i drewnianą łyżką, a następnie rękami zagnieść miękkie ciasto.

b) Wyłożyć na lekko oprószoną mąką powierzchnię i zagniatać przez 10 minut lub do uzyskania gładkiej i elastycznej masy.

c) Lekko natłuść czystą dużą miskę, dodaj ciasto i obróć, aby ciasto pokryło się olejem. Przykryć folią spożywczą i odstawić w ciepłe miejsce bez przeciągów na 1 godzinę lub do podwojenia objętości.

d) W międzyczasie rozgrzej olej na patelni i smaż boczek na średnim ogniu, aż zacznie się chrupać. Za pomocą łyżki cedzakowej przenieś do miski. Dodać chorizo i smażyć na średnim ogniu na złoty kolor. Przełóż chorizo do miski z boczkiem.

e) Gdy wszystko będzie gotowe, uderz pięścią w środek ciasta i przełóż na dobrze posypaną mąką powierzchnię. Zagniataj przez 2-3 minuty lub do uzyskania gładkości. Dłońmi rozwałkuj ciasto na prostokąt o wymiarach około 20 x 50 cm, dłuższym bokiem do siebie. Za pomocą pędzla do ciasta posmaruj zewnętrzną krawędź ciasta niewielką ilością wody. Rozłóż około połowy mieszanki szynki i kiełbasy oraz jajka pokrojone w ćwiartki na środkową jedną trzecią ciasta.

f) Złóż prawą trzecią część ciasta na nadzienie, aby je przykryć. Na wierzchu połóż pozostałą szynkę, chorizo i jajko. Złóż pozostałą jedną trzecią ciasta na wierzchu, aby przykryć nadzienie i ściśnij krawędzie, aby się skleiły.

g) Dużą blachę do pieczenia wyłożyć papierem do pieczenia i przełożyć bochenek na blachę. Przykryć lekko wilgotną ściereczką i odstawić w ciepłe miejsce bez przeciągów na 30 minut lub do podwojenia objętości.

h) Rozgrzej piekarnik do 200°C.

i) Gdy wszystko będzie gotowe, użyj bardzo ostrego noża, aby ukośnie naciąć górną część bochenka 4-5 razy. Posmarować mieszanką do mycia jajek, aby posmarować i piec przez 35 minut lub do momentu, aż się ugotuje i wyda głuchy dźwięk po postukaniu w spód. Przełożyć na metalową kratkę do ostygnięcia. Podawać na ciepło lub w temperaturze pokojowej pokrojone w grube plastry.

13. Hiszpański Chleb Migdałowy (Mazapan)

Robi: 12

SKŁADNIKI:
- 3 3/4 szklanki (450 g) mielonych migdałów (lub mąki migdałowej)
- 4 szklanki (450 g) cukru pudru
- 1 białko jajka
- 3 łyżki stołowe (45 ml) Sok z cytryny (opcjonalnie)
- 1 żółtko (do umycia jajka)
- szczypta soli

INSTRUKCJE:
a) W pierwszym kroku upewnij się, że masa zmielonych migdałów (lub mąki migdałowej) i cukru pudru są takie same. Jeśli podążasz za wymienionymi kwotami, liczba jest już wskazana.
b) Umieść je w tej samej misce i wymieszaj z białkiem i sokiem z cytryny. Sok z cytryny nadaje wspaniały smak, ale można go usunąć, a jeśli potrzebuje wilgoci, dodać wody.
c) Zagnieść rękoma i połączyć, aż powstanie zwarte i lekko lepkie ciasto (ciasto nie powinno w całości kleić się w dłoniach). Jeśli masz bardzo płynną masę, dodaj w równych ilościach trochę więcej zmielonych migdałów i cukru pudru.
d) Z ciasta uformować cylinder i zawinąć w papier do pieczenia lub folię spożywczą. Wstaw do lodówki, aby odpoczęło przez co najmniej 1 godzinę, aby stwardniało. Jeśli twój dom jest bardzo ciepły, włóż go do zamrażarki na godzinę, bo inaczej zimno z lodówki nie wystarczy.
e) Rozgrzej piekarnik do 180°C i wyjmij ciasto z lodówki. Na stole roboczym przygotuj małą miskę z wodą, aby zwilżyć ręce i zapobiec przywieraniu ciasta.
f) Przygotuj blachę do gotowania z powłoką nieprzywierającą lub wyłożoną papierem pergaminowym lub niewielką ilością mąki i masła, aby zapobiec przywieraniu marcepanu do blachy.

g) Ponieważ ciasto ma cylindryczny kształt, możesz wycinać krążki do żądanego rozmiaru i nadawać im różne kształty. Mogą to być klasyczne kształty, takie jak okrągłe lub prostokątne, lub użyć foremek do ciastek, aby nadać im dowolny kształt.

h) Ułóż je na blaszce i widelcem wykonaj powyższe znaki charakterystyczne dla marcepanu. Następnie włóż trochę jajek i zabierz je do piekarnika na 10 minut lub do uzyskania złotego koloru.

i) Pozwól im całkowicie ostygnąć przed wyjęciem ich z tacy, w przeciwnym razie mogą pęknąć podczas próby ich wyjęcia.

14. Kubański Tan Chleb

SKŁADNIKI:
- 3 opakowania aktywnych suchych drożdży kukurydzianych
- 4 łyżeczki brązowego cukru 1 jajko
- 2 C. woda 3/4 C. gorąca woda
- 5 -6 C. mąka chlebowa, podzielona
- 1 łyżka soli

INSTRUKCJE:
a) Weź miskę do mieszania: wymieszaj w niej drożdże, brązowy cukier i ciepłą wodę. Pozostaw na 11 minut.
b) Dodać sól z 3 do 4 szkl. mąki. Mieszaj je, aż uzyskasz miękkie ciasto.
c) Umieść ciasto na posypanej mąką powierzchni. Ugniataj przez 9 do 11 minut.
d) Natłuść miskę i umieść w niej ciasto. Przykryj go plastikową folią. Odstawić na 46 minut na 1 godzinę.
e) Po upływie czasu wyrabiać ciasto przez 2 min. Uformuj z niego 2 bochenki chleba.
f) Posyp trochę mąki kukurydzianej na blasze do pieczenia. Umieść w nim bochenki chleba i przykryj ręcznikiem kuchennym.
g) Pozwól im siedzieć przez 11 minut. Użyj noża do pizzy na nożu, aby zrobić dwa nacięcia na wierzchu każdego bochenka chleba.
h) Zanim cokolwiek zrobisz, rozgrzej piekarnik do 400 F.
i) Umieść formę do chleba w piekarniku. Pozwól im gotować przez 32 do 36 minut, aż staną się złotobrązowe.
j) Pozwól bochenkom chleba całkowicie ostygnąć. Podawaj je z tym, na co masz ochotę.
k) Cieszyć się.

15. **Brązowy Kubański Chleb**

SKŁADNIKI:
- 1 C. woda
- 3 łyżki wody
- 1 1/2 łyżeczki soli
- 3 C. mąki chlebowej
- 2 łyżeczki brązowego cukru
- 2 łyżeczki drożdży
- mąka kukurydziana
- 1 jajko wymieszane z 1 łyżką wody
- 3/4 C. gorąca woda

INSTRUKCJE:
a) Umieść wodę, sól, mąkę, brązowy cukier i drożdże w maszynie do chleba.
b) Naciśnij przycisk ciasta/ręcznego.
c) Po tym czasie uformuj z ciasta długi bochenek chleba. Połóż go na blasze do pieczenia.
d) Posypać nim mąkę kukurydzianą. Odstaw na 12 min. Za pomocą noża wykonaj 4 płytkie nacięcia na wierzchu bochenka.
e) Zanim cokolwiek zrobisz, rozgrzej piekarnik do 400 F.
f) Posmaruj mieszanką jajka i wody. Umieść go na środku piekarnika.
g) Napełnij blachę do pieczenia gorącą wodą. Umieść go na dolnej półce piekarnika pod bochenkiem chleba.
h) Niech chleb gotuje się przez 32 minuty. Pozwól mu całkowicie ostygnąć, a następnie podawaj.
i) Cieszyć się.

16. **Podstawowy pan dulce (hiszpański słodki chleb)**

Porcje: 12 porcji

SKŁADNIKI:
- 1 opakowanie aktywnych suchych drożdży
- ½ szklanki letniej wody
- ½ szklanki cukru pudru PLUS
- 1 łyżka cukru granulowanego
- 1 łyżeczka soli
- 3½ szklanki mąki; podzielony
- 2 łyżki tłuszczu warzywnego
- 2 jajka; bity
- ½ szklanki cukru pudru
- ¼ szklanki tłuszczu warzywnego
- ¼ łyżeczki soli
- 1 łyżeczka mielonego cynamonu
- 1 żółtko
- ⅔ szklanki mąki

INSTRUKCJE:

a) Wymieszaj drożdże, wodę, 1 łyżkę cukru i sól, aż drożdże się rozpuszczą i pojawią się bąbelki. Dodaj 1-¾ szklanki mąki i dobrze ubij. Przykryj i odstaw w lekko ciepłe miejsce, aż podwoi swoją objętość, około 45 do 50 minut.

b) Ubij razem tłuszcz piekarski i pozostałe ½ szklanki cukru, aż będą puszyste. Wbij jajka. Dodaj do wyrośniętego ciasta wraz z pozostałą mąką, dobrze ubijając.

c) Przykryj i ponownie odstaw do wyrośnięcia, aż podwoi swoją objętość, około 1 godziny. Wyłożyć na oprószoną mąką stolnicę. Podziel ciasto na 12 równych kawałków i uformuj z każdego kawałka okrągłą płaską bułkę o średnicy około 4 cali.

d) Ułóż bułeczki na natłuszczonej blasze do pieczenia. Rozsmaruj polewę na każdej bułce. Przykryj i pozostaw do wyrośnięcia, aż podwoi swoją objętość, około 50 do 60 minut.

e) Rozgrzej piekarnik do 400 stopni F. Piecz bułki przez około 15 minut lub do momentu, aż krawędzie będą złote.

f) NAKŁADANIE: Ubij razem do uzyskania kremowej konsystencji cukru, tłuszczu piekarskiego, soli i cynamonu, dobrze mieszając. Dodać żółtko i mąkę. Mieszaj, aż się zrumienią.

KROKIETY

17. **Krokiety Ziemniaczane**

Robi: 3

SKŁADNIKI:
- 4 jajka
- 2 łyżki stołowe. mleko
- 2 łyżki stołowe. sól
- 3 szklanki ziemniaków (ugotowanych i rozgniecionych)
- 1 szklanka mąki (uniwersalnej)

INSTRUKCJE:
a) Umieść puree ziemniaczane w misce. Do puree ziemniaczanego dodać żółtka z dwóch jaj, masło, ser, posiekany boczek, mleko i natkę pietruszki. Dokładnie wymieszać.
b) Rozbij i ubij pozostałe 2 jajka w małej misce. Włóż sól i mielony pieprz do innej miski. Wsyp mąkę do większej miski. Na koniec włóż bułkę tartą do miski.
c) Uformuj mieszankę w pierwszej misce (tłuczone ziemniaki i inne) w formę przypominającą piłeczkę golfową.
d) Obtocz kulki w mące, roztrzepanych jajkach, mieszance soli i pieprzu oraz bułce tartej, aż się pokryją. Zrób to dla wszystkich piłek, jedna po drugiej.
e) Na patelnię wlać olej arachidowy. Podgrzej do około 350 ̊F.
f) Każdą kulkę smażymy na patelni na złoty kolor.
g) Podawać.

18. **Croquetas de Jamon**

Porcja: 18 (3 cale) krokietów

SKŁADNIKI:
NA „CIASTO"
- 2 łyżki niesolonego masła
- 1 łyżka oliwy z oliwek
- Niecałe 1/2 szklanki niebielonej mąki uniwersalnej
- 2 szklanki mleka w temperaturze pokojowej
- ¼ funta szynki, pokrojonej w małe kawałki
- Szczypta gałki muszkatołowej
- Sól (do smaku - potrzebna tylko, jeśli szynka nie jest zbyt słona)

DO Panierowania KROKIET
- 1 jajko, lekko ubite
- ½ - ¾ szkl. bułki tartej
- Do smażenia
- olej do smażenia

INSTRUKCJE:
DO WYKONANIA NAPEŁNIENIA
a) Rozpuść masło i olej na średniej patelni na średnim ogniu.
b) Dodaj mąkę i mieszaj, aby całkowicie zwilżyć. Smaż mąkę, aż zacznie zmieniać kolor na jasnobrązowy 2-3 min.
c) Stopniowo dodawaj mleko, ciągle mieszając, aby włączyć każdy dodatek, aż dodasz wszystko. (Na początku będzie wyglądać tak, jakbyś nie był w stanie uzyskać gładkiego sosu, ale kontynuuj pracę nad sosem gumową szpatułką, dodając trochę mleka na raz, a sos się wygładzi.) Zmniejsz temperaturę do średniej tak nisko, jak potrzeba, jeśli wydaje się, że mleko się zagotuje, zanim będzie można je zmieszać z zasmażką.
d) Kontynuuj ogrzewanie mieszaniny w razie potrzeby, aż będzie kremowa, gęsta i gładka.
e) Dodaj pokrojoną w kostkę szynkę i gałkę muszkatołową. Dobrze wymieszaj.
f) Spróbuj mieszanki i dodaj sól w razie potrzeby.
g) Zdejmij mieszaninę z ognia i pozwól jej nieco ostygnąć

h) Przełóż ciasto na krokiety do naczynia żaroodpornego i przykryj folią (lub pokrywką). Ciasto schłodzić przez noc.

KSZTAŁTOWANIE KROKIET

i) Umieść ubite jajko w płytkiej misce. Umieść bułkę tartą w drugiej, szerokiej misce.

j) Pracując z około 2 łyżkami ciasta na raz, uformuj schłodzone ciasto w małe, grube kciuki.

k) Zanurz każdy croqueta, jeden po drugim, w ubitym jajku, obracając, aby pokryć.

l) Następnie obtaczamy w bułce tartej, dociskając do pokrycia.

m) Umieść panierowane krokiety na blasze wyłożonej pergaminem. Gdy wszystkie krokiety będą panierowane, włóż blachę do pieczenia do zamrażarki na 10-15 minut, aby lekko stwardniały.

n) Jeśli gotujesz natychmiast

o) W tym momencie możesz podgrzać ½ cala oleju roślinnego na średnim ogniu na płytkiej patelni.

p) Smaż schłodzone krokiety partiami, uważając, aby nie stłoczyć oleju, 1-2 minuty z każdej strony, aż uzyskasz złoty kolor.

q) Zdejmij krokiety z patelni i połóż je na talerzu wyłożonym ręcznikiem papierowym, aby lekko ostygły.

r) Podawaj na ciepło!

19. Krokiety z pieczonego łososia

Porcje: 6 porcji

SKŁADNIKI:
- 2 łyżki masła; zmiękczone
- 1½ funta Świeży łosoś; gotowane i płatkowane, aby uzyskać około 3 filiżanek
- 2 szklanki świeżej bułki tartej; zrobione z białego chleba 2 sl, bez skórki
- 1 łyżka Scallion, tylko biała; mielony
- 1 łyżka świeżego koperku; ucięte
- ½ cytryny; skórka, starta
- 1 jajko
- 1 szklanka gęstej śmietany
- ½ łyżeczki soli
- Czarny pieprz
- pieprz cayenne
- ½ szklanki kwaśnej śmietany
- Kawior
- cząstki cytryny

INSTRUKCJE:

a) Rozgrzej piekarnik do 350 ~. Dokładnie posmaruj 6 pojedynczych kokilek lub pucharków do kremu 1 łyżką masła. Umieść płatki łososia w misce.

b) Dodaj ¾ szklanki bułki tartej, szalotkę, koperek, skórkę z cytryny, jajko i śmietanę. Delikatnie wymieszaj widelcem. Doprawiamy solą, pieprzem i pieprzem cayenne.

c) Podziel mieszaninę między filiżanki wysmarowane masłem i lekko ją ubij. Posyp croquetas pozostałą ¼ szklanki bułki tartej.

d) Pokrop pozostałą łyżką masła.

e) Filiżanki ułożyć w brytfannie. Wlej tyle gorącej wody, aby sięgała do połowy boków kokilek. Piec, aż będzie dość twardy i zestalony, około 30 minut.

f) Chłodzić przez 5 do 10 minut. Krokiety mogą być nieformowane, prawą stroną do góry lub podawane w kokilkach.

g) Każdy krokiet posmarować kwaśną śmietaną i kawiorem lub po prostu udekorować cytryną.

20. Krokiety z Ostrygami

Porcje: 24 porcje

SKŁADNIKI:
- ¼ szklanki masła
- ¼ szklanki mąki uniwersalnej
- 1 szklanka mleka
- Sól
- Świeżo zmielony pieprz
- 3 łyżki masła
- 4 Mielona szalotka
- 1 funt Mielone pieczarki
- 24 Obrane i poklepane suche ostrygi
- (do głębokiego smażenia) olej roślinny
- 3 Jajko
- Mąka uniwersalna
- 4 szklanki świeżej bułki tartej
- Rukiew wodna
- Kliny cytryny

INSTRUKCJE:
a) Rozpuść ¼ szklanki masła w średnim rondlu na małym ogniu.
b) Wmieszaj ¼ szklanki mąki i mieszaj przez 3 minuty. Wlać mleko i doprowadzić do wrzenia. Zmniejszyć ogień i gotować 5 minut, od czasu do czasu mieszając. Dopraw solą i pieprzem.
c) Rozpuść 3 łyżki masła na ciężkiej średniej patelni na średnim ogniu. Dodaj szalotki i gotuj, aż zmiękną, mieszając od czasu do czasu, około 5 minut. Dodaj grzyby, zwiększ ogień i gotuj, aż cały płyn odparuje, od czasu do czasu mieszając, około 10 minut. Dopraw solą i pieprzem. Mieszankę grzybów wymieszać z sosem. Fajny.
d) Rozgrzej patelnię na średnim ogniu. Dodać ostrygi i dusić 2 minuty.
e) Fajny.
f) Rozgrzej olej do 425 st. we frytownicy lub dużym garnku. Ubij jajka, aby wymieszać z 1 łyżką oleju roślinnego. Zapakuj sos wokół każdej ostrygi, tworząc kształt cygara. Obtoczyć w mące, strzepując nadmiar. Zanurz w mieszance jaj. Obtoczyć w bułce tartej. Smaż partiami na złoty kolor, około 4 minut. Wyjąć łyżką cedzakową i odsączyć na ręcznikach papierowych.
g) Ułóż krokiety na talerzu. Udekoruj rukwią wodną i cytryną.

21. Krokiety Ryżowe

Porcje: 1 porcja

SKŁADNIKI:
- ½ szklanki posiekanej cebuli
- 2 łyżki masła
- 1 szklanka niegotowanego ryżu długoziarnistego
- 2¼ szklanki bulionu z kurczaka
- 2 łyżki posiekanej świeżej pietruszki
- 1 jajko, lekko ubite
- ½ szklanki tartego parmezanu
- 1 łyżeczka suszonej bazylii
- ¼ łyżeczki pieprzu
- ½ szklanki suchej bułki tartej
- Olej do gotowania
- Dodatkowa świeża pietruszka, opcjonalnie

INSTRUKCJE:
a) W dużym garnku podsmaż cebulę na maśle do miękkości. Dodaj ryż; smażyć 3 minuty.
b) Wymieszaj bulion i pietruszkę; doprowadzić do wrzenia. Zredukować ciepło; przykryj i gotuj przez 20 minut. Chłodzić przez 30 minut. Wymieszać z jajkiem, serem, bazylią i pieprzem.
c) Zwilż ręce wodą i uformuj ¼ filiżanki w kłody.
d) Obtoczyć w okruchach. Na patelni elektrycznej rozgrzej ¼ cala oleju do 365. Smaż krokiety, po kilka na raz, przez 3-4 minuty lub do uzyskania chrupiącej i złotej skórki, często obracając.
e) Osączyć na ręcznikach papierowych. W razie potrzeby udekoruj natką pietruszki.

22. Krokiety z komosy ryżowej/ziemniaków

Porcje: 1 porcja

SKŁADNIKI:
- 2 szklanki Ziemniaki, ugotowane - puree
- Z włączonymi skórkami
- 2 szklanki ugotowanej komosy ryżowej (podstawa
- Przepis)
- (1 szklanka ziarna, 2 szklanki wody --
- Gotuj 15 minut)
- 2 jajka
- subst
- ½ szklanki cebuli - posiekanej
- ¼ szklanki pietruszki - posiekanej
- ½ łyżeczki soli
- ½ łyżeczki kminku
- ½ łyżeczki oregano
- Ubite - lub 1/2 szklanki jajka

INSTRUKCJE:
a)   Połącz wszystkie składniki. Dobrze wymieszaj i uformuj kulki o średnicy 1 cala.
b)   Smażyć w głębokim tłuszczu na złoty kolor.

23. **Mięsne Krokiety**

Porcje: 8 porcji

SKŁADNIKI:
- 2 szklanki gotowanego mięsa mielonego
- Sól i pieprz
- 2 łyżki wody
- 1 szklanka gęstego białego sosu
- Sól selerowa
- 1 jajko, lekko ubite

INSTRUKCJE:
a) Połącz mięso z białym sosem. Doprawić do smaku. Dokładnie wymieszać.
b) Fajny. Formować w kulki, stożki lub cylindry. Obtoczyć w okruchach. Smażymy w głębokim tłuszczu (385F) do zrumienienia.
c) Odsączyć na zmiętym bibule. 8 porcji.

HISZPAŃSKIE FRANCUSKIE TOSTY

24. **Podstawowe Torrija**

Porcje: 10 plasterków

SKŁADNIKI:
- 4 duże jajka
- 1 litr (około kwarty) pełnego mleka
- 1 szklanka cukru (200g)
- 2 łyżeczki cynamonu
- 3 łyżki miodu
- oliwa z oliwek extra virgin (dobrej jakości)
- 1 pasek skórki z cytryny
- 1 pasek skórki pomarańczowej
- 1 łyżeczka nasion kardamonu (opcjonalnie)
- 1 gwiazdka anyżu (opcjonalnie)
- Gruby batonik lekko czerstwego hiszpańskiego chleba lub dowolnego innego chleba do wyboru. Użyj tego, czego zwykle używasz, aby zrobić grube hiszpańskie tosty.

INSTRUKCJE:
a) Doprowadzić mleko, ½ szklanki cukru, skórkę z cytryny i pomarańczy oraz przyprawy (nasiona kardamonu i anyż gwiaździsty) na wolnym ogniu.
b) Chleb kroimy w grube kromki.
c) Gdy mieszanka mleczna gotuje się przez około 15 minut, wyłącz ogrzewanie i namocz kromki chleba w tej mieszance. Uważaj, aby nie zmoczyć ich całkowicie do tego stopnia, że się rozpadną, ale postaraj się, aby wchłonęły jak najwięcej mleka.
d) Pozwól kromkom mokrego chleba odpocząć i ostygnąć (może stracić trochę płynu).
e) Ubij jajka w płytkiej misce i zanurz kromki chleba w mieszance jaj. W międzyczasie podgrzej około ½ cala oliwy z oliwek w głębokiej, ciężkiej patelni na średnim ogniu.
f) Smaż plastry dwa po drugim, przewracając je w połowie, aby obie strony były ładne i chrupiące.

g) Niech torrijas odpocznie na ręcznikach papierowych, aby wchłonęły nadmiar oleju. W innej misce wymieszaj pozostały cukier (1/2 szklanki) z cynamonem.
h) Przykryj plastry mieszanką cukru cynamonowego i odłóż.
i) Na koniec przygotuj syrop. Weź pozostały cynamon i cukier z powlekania torrijas i dodaj do średniej wielkości garnka. W razie potrzeby dodaj trochę więcej cukru, aby całkowicie przykryć dno garnka.
j) Dodaj 2 szklanki ciepłej wody do cukru i zagotuj.
k) Dodaj miód (możesz dodać więcej lub mniej w zależności od preferencji).
l) Pozwól syropowi gotować się przez około 30 minut, aż zredukuje się do konsystencji przypominającej syrop. Nie będzie to bardzo gęsty syrop, ale nie powinien też być zbyt wodnisty.
m) Zdejmij syrop z ognia i po około 15 minutach polej nim hiszpańskie tosty. Torrijas powinny być całkowicie namoczone w syropie. Pozwól im całkowicie ostygnąć przed włożeniem ich do lodówki.
n) Przechowywać w lodówce torrijas przez co najmniej 4 godziny, ale najlepiej przez całą noc.
o) Ciesz się w ciągu dwóch lub trzech dni, aby uzyskać najlepszą jakość! (Wątpię, czy wytrzymają tak długo!)

25. Torrijas w polewie cukrowej

Porcje: 4-6 porcji

SKŁADNIKI:
- 500 mililitrów mleka
- 1 mała laska cynamonu
- 100 gramów cukru
- 1 bochenek francuski, pokrojony w grube plastry
- 2 jajka, ubite
- 100 mililitrów oliwy z oliwek
- 1 łyżka cukru pudru
- 1 łyżeczka mielonego cynamonu

INSTRUKCJE:
a) Mleko, laskę cynamonu i cukier zagotować. Wyrzuć laskę cynamonu i zalej kromki chleba mlekiem, upewniając się, że są dokładnie namoczone. Zanurz kromki chleba w roztrzepanym jajku.
b) Rozgrzać olej i smażyć chleb z obu stron na złoty kolor, następnie odsączyć na ruszcie. Wymieszaj cukier puder i cynamon i przed podaniem obtocz torrijas w przyprawionym cukrze.

26. Torrija pszczół miodnych

Porcje: 1 porcja

SKŁADNIKI:
- 8 kromek Chleb z poprzedniego dnia
- ¼ litra świeżego mleka
- 1 gałązka cynamonu
- Trochę wanilii
- 1 Szklanka pełna pszczoły miodnej
- ¼ litra oliwy z oliwek
- 4 Łyżka cukru
- 4 jajka

INSTRUKCJE:
a) Kromka chleba maczana w mleku i jajku i smażona.
b) Mleko zagotować z cukrem, cynamonem i wanilią.
c) Usuń mleko i pozostaw trochę zimne.
d) Połóż kromki chleba na mleku, trzymaj chwilę, uważając, aby się nie połamały.
e) Wstrząśnij jajkami, rozgrzej olej.
f) Kromki chleba ułożyć na jajkach, dobrze odsączyć i usmażyć na oleju.
g) Podawaj je przykrywając pszczołą miodną Mam nadzieję, że to jasne, przepraszam za tłumaczenie Miłego dnia z Wysp Kanaryjskich Pedro

HISZPAŃSKIE CHURRO

27. Podstawowe Churros

Porcje: 24 Porcje

SKŁADNIKI:
- ¼ szklanki masła lub margaryny,
- Pociąć na małe kawałki
- ⅛ łyżeczki soli
- 1¼ szklanki mąki uniwersalnej, przesianej
- 3 jajka
- ¼ łyżeczki ekstraktu waniliowego
- Olej sałatkowy do głębokiego smażenia
- ½ łyżeczki cynamonu
- ½ szklanki) cukru

INSTRUKCJE:
a) W średnim rondlu połącz masło z ½ szklanki wody. Mieszać na małym ogniu, aż masło się rozpuści. Doprowadzić tylko do wrzenia; dodaj sól i zdejmij z ognia.
b) Dodaj mąkę raz; bardzo mocno ubić drewnianą łyżką. na małym ogniu ubijać do uzyskania bardzo gładkiej konsystencji – około 2 minut. Zdjąć z ognia; lekko ostudzić. Wbijać jajka, jedno po drugim, dobrze miksując po każdym dodaniu. Dodaj wanilię.
c) Kontynuuj bicie, aż mieszanina będzie miała satynowy połysk.
d) W międzyczasie na głębokiej patelni lub frytkownicy powoli podgrzej olej sałatkowy (co najmniej 1-½ cala) do 380 * F na termometrze do głębokiego smażenia. Wciśnij mieszankę pączków przez dużą torbę cukierniczą z dużą, karbowaną końcówką o szerokości ½ cala. Za pomocą mokrych nożyczek pokrój ciasto na 2-calowe kawałki, gdy wpadnie do gorącego oleju.
e) Smażyć w głębokim tłuszczu, po kilka na raz, po 2 minuty z każdej strony lub do uzyskania złotego koloru. Wyjmij łyżką cedzakową; dobrze odsączyć na ręcznikach papierowych.
f) W międzyczasie wymieszaj cynamon i cukier w średniej misce. Wrzuć odsączone pączki do mieszanki cukru, aby dobrze się pokryły. Podawaj na ciepło.

28. **Cynamonowe churrosy**

Porcje: 12 porcji

SKŁADNIKI:
- ¼ szklanki masła
- 1 szklanka cukru
- 1 łyżka cukru
- ½ szklanki mąki z białej kukurydzy
- ½ szklanki mąki
- 3 duże jajka
- 2 łyżeczki cynamonu

INSTRUKCJE:
a) W średnim rondlu podgrzej masło z 1 łyżką cukru, ½ łyżeczki soli i 1 szklanką wody do wrzenia. zdejmij patelnię z ognia; natychmiast dodaj mąkę kukurydzianą i mąkę na raz. na małym ogniu,

b) Gotuj mieszaninę, ciągle mieszając, aż ciasto utworzy kulę, około 1 minuty. wbijać jajka, jedno po drugim, energicznie miksując po każdym dodaniu, aż ciasto będzie gładkie. blachę do pieczenia wyłożyć papierowymi ręcznikami.

c) W papierowej torbie lub dużej misce wymieszaj pozostały cukier z cynamonem. na głębokiej, ciężkiej patelni lub w holenderskim piekarniku podgrzej 3 cale oleju sałatkowego do 375 stopni F. Ciasto przełożyć łyżką do rękawa cukierniczego z końcówką numer 6. Włóż 5-calowe kawałki ciasta do gorącego oleju.

d) Smażyć do zrumienienia z obu stron, około 1½ minuty z każdej strony. łyżką cedzakową wyjąć churros z oleju i ułożyć na blasze do pieczenia. jeszcze gorące włożyć do woreczka i posypać mieszanką cynamonowo-cukrową. natychmiast podawaj.

29. Churros i czekolada

Porcje: 4 porcje

SKŁADNIKI:
- 2 szklanki mąki
- 2 łyżki cukru
- 1 łyżeczka cynamonu
- 3 szklanki wody
- ¼ szklanki oliwy z oliwek extra virgin plus
- 3 filiżanki
- ½ szklanki superdrobnego cukru

INSTRUKCJE:
a) W dużej misce wymieszaj mąkę, cukier i cynamon. Umieść wodę w 6-kwartowym rondlu, dodaj ¼ szklanki oleju i szybko zagotuj. Wrzuć mieszankę mąki jednym ruchem do rondla, zdejmij z ognia i mieszaj, aż będzie gładka. Przykryj folią spożywczą i pozostaw do ostygnięcia na ½ godziny.
b) Rozgrzej olej do 375 stopni F.
c) Włóż ciasto do rękawa cukierniczego z dużą 6-8-punktową dyszą i wyciśnij do gorącego oleju kawałki o długości 6 cali. Smażyć na złoty kolor z obu stron.
d) Wyjąć, osączyć na ręcznikach papierowych i jeszcze ciepłe posypać bardzo drobnym cukrem.

30. Plantany Churros

Porcje: 6 porcji

SKŁADNIKI:
- 3 banany - obrane
- Sok cytrynowy
- 4 jajka
- ¼ szklanki mąki
- ½ łyżeczki soli

INSTRUKCJE:

a) Banany obrać i przekroić wzdłuż. Każdy kawałek przekroić na pół i skropić sokiem z cytryny.
b) Aby zrobić ciasto, ubij żółtka, aż będą gęste i jasne.
c) Dodaj mąkę i sól.
d) Białka ubić na sztywną pianę, nie suchą i połączyć z żółtkami.
e) Wrzucaj do ciasta odsączone kawałki bananów, jeden po drugim.
f) Podnieś łyżką cedzakową i delikatnie wsuń do gorącego oleju na ciężkiej patelni (olej na głębokość około 1 cala).
g) Gotuj na średnim ogniu, obracając prawie natychmiast. Smażymy do zrumienienia z obu stron.
h) Osączyć na ręczniku papierowym.

31. Hiszpańskie churros z czerwonego aksamitu

SKŁADNIKI:
- 1 szklanka wody
- 1/4 szklanki niesolonego masła
- 1 łyżka cukru granulowanego
- 1/4 łyżeczki soli
- 1 Mąkę o wszechstronnym przeznaczeniu
- 1 duże jajko
- Olej roślinny, do smażenia
- Do powlekania
- 1/2 szklanki cukru granulowanego
- 3/4 łyżeczki mielonego cynamonu

INSTRUKCJE:
a) Dodaj mąkę, sól, mąkę do miski i wymieszaj, aby połączyć
b) Dodaj masło do rondla i rozpuść, dodaj wodę i pozwól jej się zagotować
c) Dodaj czerwony barwnik spożywczy. Dodaj mieszankę mąki
d) Dodaj mąkę, zmniejsz ogień do średnio niskiego i gotuj i stale mieszaj drewnianą łyżką, aż mieszanina zacznie się łączyć
e) Dodaj połowę ubitego jajka i mleko, aż dobrze się połączą
f) Dodaj pozostałe ubite jajka i mieszaj, aż będą gładkie i dobrze połączone
g) Najlepiej użyć rękawa cukierniczego z dyszą startową do stworzenia autentycznych hiszpańskich churros. Nie miałam rękawa do szprycowania, więc improwizowałam z plastikowym nacięciem na końcu. Użyj szklanki i umieść rękaw cukierniczy w środku, dodaj ciasto do rękawa, aż się wypełni
h) Ciasto wrzucamy na rozgrzany olej. Użyj nożyczek kuchennych, aby odciąć żądaną długość
i) Dodaj kilka ciast churros do oleju i smaż, aż będą złocistobrązowe i chrupiące. Do rondla dodać cukier, dodać cynamon i dokładnie wymieszać
j) Zanurz churros w mieszance cukru i cynamonu i rozwałkuj, aż równomiernie się pokryje
k) Chrupiące na zewnątrz, a tak puszyste w środku

32. San Diablo Artisan Churros

Porcje: 8 porcji

SKŁADNIKI:
- 1 szklanka wody
- 2 uncje. masło niesolone
- 1 szklanka wysokiej jakości mąki piekarniczej
- 3/4 łyżeczki sól
- 1 duże jajko
- 1 łyżeczka wanilii

INSTRUKCJE:
a) Dodaj wodę i masło do rondla i zagotuj, upewnij się, że masło całkowicie się rozpuściło.
b) Dodać mąkę i sól do rondla z wodą/masłem, pozostawić na ogniu i energicznie mieszać, aż nie pozostaną grudki mąki, a ciasto będzie przypominało kulę. Zdejmij ciepło.
c) Umieść gorące ciasto w standardowej misce miksera, mieszaj mieszadłem na niskim poziomie i pozwól, aby para wydostawała się i ciasto.
d) Podczas gdy ciasto odparowuje, wymieszaj jajko i wanilię w osobnej misce.
e) Dodaj mieszankę jajeczną do ciasta i przyspiesz mikser.
f) Jeśli ciasto za bardzo klei się do ścianek miksera: zatrzymaj mikser, zeskrob ze ścianek i mieszaj, powtarzaj, aż ciasto będzie gładkie i przypomina ciasto.
g) Ciasto wstawić do lodówki do schłodzenia na około 10 minut.
h) Gdy ciasto ostygnie, możesz zrobić pyszne churros! Umieść ciasto w urządzeniu do robienia churro San Diablo lub szprycy i przechowuj w lodówce na później.
i) Rozgrzać olej we frytkownicy lub patelni do 190°C z około 2 calami oleju.
j) Polecamy olej rzepakowy ze względu na jego neutralny smak. Sprawia, że churros z zewnątrz są chrupiące, a wnętrze rozpływa się w ustach. Nie krępuj się eksperymentować z innymi olejami, które

mogą Ci się bardziej podobać lub lepiej pasować do Twoich preferencji żywieniowych.

k) Powoli przekręć pokrętło urządzenia do churro San Diablo, aby wycisnąć ciasto churro przez dyszę. Lub przeciśnij ciasto churro przez szprycę. Po przeciśnięciu przez dyszę żądanej ilości ciasta churro, odetnij je nożem do masła lub palcem.

l) Ostrożnie włóż każde surowe churro do gorącego oleju. Proszę bądź ostrożny! Aby uniknąć rozprysków gorącego oleju, zdecydowanie zalecamy ustawienie Churro Maker pionowo nad i blisko (ale nie za blisko) powierzchni gorącego oleju.

m) Obserwuj, jak churros smaży się w gorącym oleju i obracaj metalowymi szczypcami, aby całe churro osiągnęło idealną złocistobrązową chrupkość (zwykle 3-4 minuty).

n) Za pomocą metalowych szczypiec wyjmij gorące, świeże dzieła sztuki churro z gorącego oleju lub frytownicy i ostudź je na przygotowanym talerzu.

o) Gdy twoje churros nieco ostygną, ale nadal będą ciepłe, posyp je odpowiednią ilością cynamonowych cukrów charakterystycznych dla San Diablo.

p) Napełnij do syta za pomocą wyciskanej butelki lub jednej z butelek do napełniania wielokrotnego użytku San Diablo Dulce de Leche, Nutellą lub Sweet Cream.

33. pieczone Churros

SKŁADNIKI:
- 1 szklanka (8oz/225g) wody
- 1/2 szklanki (4oz/113g) masła
- 1/2 łyżeczki ekstraktu waniliowego
- 2 łyżki cukru
- 1/4 łyżeczki soli
- 143 g mąki pszennej/uniwersalnej
- 3 jajka (w temperaturze pokojowej)

INSTRUKCJE:
a) Rozgrzej piekarnik do 400°F (200°C). Pergamin liniowy; odłożyć na bok.
b) W średnim rondlu dodaj wodę, cukier, sól i masło.
c) Umieść na średnim ogniu.
d) Podgrzewaj, aż masło się roztopi i mieszanina zacznie się gotować.
e) Jak tylko się zagotuje, wsyp mąkę.
f) Ubijaj, aż nie będzie grudek mąki i powstanie kula ciasta.
g) Teraz za pomocą drewnianej łyżki zamieszaj ciasto wokół garnka i gotuj je przez około minutę na MAŁIM ogniu.
h) Mieszanina zbryli się i oderwie od boków
i) Za pomocą drewnianej łyżki dodaj trochę mieszanki jajecznej do ciasta. Wymieszaj i ugniataj, rozbijając ciasto, aż się poluzuje. Dobrze wymieszaj, aż jajka się połączą, a mieszanina będzie wyglądać jak puree ziemniaczane.
j) Kontynuuj dodawanie jajek, aż się połączą
k) Zrób to, wywierając nacisk na worek i rurkę, powoli przecinając nożyczkami.
l) Pozostaw około 2 cm odstępu między churros.
m) Piec przez około 18-22 minut lub do uzyskania złotego koloru.
n) NASTĘPNIE wyłącz piekarnik i pozostaw je w nim na 10 minut, aby trochę wyschły. Ten krok pomaga im zachować swój kształt i nie spłaszcza się po ostygnięciu.
o) Po prostu zrób to przez minutę :), a następnie zdejmij z ognia i odstaw na bok.

p) W dzbanku połącz jajka i wanilię i wymieszaj razem.

q) Przełóż ciasto do rękawa cukierniczego wyposażonego w gwiazdkę.

r) Wyszprycuj ciasto na długie churros na blaszkach wyłożonych pergaminem. Upewnij się, że są ładne i grube.

s) Połącz cukier, cynamon i sól w torebce z zamkiem błyskawicznym.

t) Wyjmij churros prosto z piekarnika i wrzuć je do mieszanki, aż będą dobrze pokryte. Najlepiej zrobić to, gdy churros są ciepłe i świeże po wyjęciu z piekarnika.

u) Ciesz się domowymi churros

HISZPAŃSKI CHLEB KUKURYDZIANY

34. Chleb kukurydziany na żeliwnej patelni

Sprawia, że: 1 10-calowy okrągły

SKŁADNIKI:
- 1 szklanka białej mąki kukurydzianej
- ½ szklanki żółtej mąki kukurydzianej
- ½ szklanki mąki uniwersalnej
- 4 łyżeczki proszku do pieczenia
- 1 łyżeczka soli
- 1 szklanka maślanki
- 2 łyżki smalcu
- 2 łyżki oleju roślinnego
- 1 duże jajko
- 1 łyżeczka masła lub w razie potrzeby
- 1 szczypta papryki
- 1 szczypta koszernej soli

INSTRUKCJE:

a) Umieść żeliwną patelnię w piekarniku i rozgrzej do 450 stopni F (230 stopni C).
b) Wymieszaj białą mąkę kukurydzianą, żółtą mąkę kukurydzianą, mąkę, proszek do pieczenia i sól razem w dużej misce. Dodaj maślankę, smalec i olej roślinny; wymieszać wolę połączyć. Mieszaj jajko, aż powstanie gładkie ciasto.
c) Wyjmij gorącą żeliwną patelnię z piekarnika, roztop masło na patelni, a następnie wlej ciasto. Dopraw papryką i solą koszerną. Wstaw patelnię z powrotem do piekarnika.
d) Zmniejsz temperaturę do 425 stopni F (220 stopni C) i piecz, aż chleb kukurydziany będzie złotobrązowy i oderwie się od boków patelni, około 15 minut.
e) Wyjmij z piekarnika, aby lekko ostygł, około 5 minut. Pokroić w kliny.

35. **Chleb Kukurydziany Z Patelni**

Porcje: 8 porcji

SKŁADNIKI:
- 1 ¼ szklanki mleka
- 1 szklanka mąki kukurydzianej
- 1 Mąkę o wszechstronnym przeznaczeniu
- 4 łyżeczki proszku do pieczenia
- ¾ łyżeczki soli koszernej
- 2 duże jajka, ubite
- ¼ szklanki niesolonego masła, stopionego
- 1 łyżka oleju roślinnego

INSTRUKCJE:
a) Rozgrzej piekarnik do 425 stopni F (220 stopni C). Umieść 9-calową żeliwną patelnię w piekarniku, aby ją ogrzać.
b) Wymieszaj mleko i mąkę kukurydzianą razem w małej misce i pozostaw do namoczenia na 10 minut.
c) Przesiej mąkę, proszek do pieczenia i sól razem w misce. Ubij mieszankę mąki kukurydzianej, jajka i masło do mieszanki mąki, aż uzyskasz gładkie ciasto, około 1 minuty.
d) Wyjmij patelnię z piekarnika. Rozgrzej olej roślinny na patelni do pokrycia; odlać nadmiar.
e) Wlać ciasto na patelnię.
f) Piec w nagrzanym piekarniku, aż wykałaczka wbita w środek wyjdzie czysta, od 18 do 23 minut. Pokrój w kliny do podania.

36. Prawdziwy hiszpański chleb kukurydziany

Porcje: 12 porcji

SKŁADNIKI:
- 2 szklanki mąki kukurydzianej
- 2 filiżanki mąki uniwersalnej
- ½ łyżeczki soli
- 2 łyżki proszku do pieczenia
- 2 duże jajka
- 1 szklanka margaryny, roztopionej
- 4 szklanki maślanki
- ¼ szklanki oleju kukurydzianego

INSTRUKCJE:
a) W dużej misce wymieszaj mąkę kukurydzianą, mąkę, sól i proszek do pieczenia.
b) W osobnej misce wymieszaj jajka, masło i maślankę. Dodaj do suchych składników i mieszaj, aż dobrze się połączą.
c) Podgrzewaj suchą 12-calową żeliwną patelnię na dużym ogniu przez 2 minuty. Dodaj olej kukurydziany do patelni, wirując olej wokół, aby pokryć dno i boki. Pozostaw pozostały olej na patelni. Wróć do dużego ognia na 1 minutę.

d) Wlać ciasto kukurydziane na patelnię i smażyć na dużym ogniu, aż na środku zaczną się pojawiać bąbelki. Zdjąć z pieca.
e) Piec w nagrzanym piekarniku do 200 stopni C przez 40 do 50 minut lub do momentu, gdy nóż włożony w środek wyjdzie czysty. Podawaj na ciepło.

37. Cętkowany Pies Irlandzki Chleb

Sprawia: 1 12-calowy chleb

SKŁADNIKI:
- 5 szklanek mąki uniwersalnej
- 1 ½ szklanki białego cukru
- 2 ⅔ łyżki proszku do pieczenia
- 2 duże jajka
- 2 szklanki mleka
- 2 szklanki rodzynek

INSTRUKCJE:
a) Rozgrzej piekarnik do 375 stopni F (190 stopni C).
b) Nasmaruj 12-calową żeliwną patelnię.
c) Mąkę, cukier i proszek do pieczenia przesiać razem do dużej miski.
d) W osobnej misce ubij jajka z mlekiem.
e) Mieszaj mieszaninę jajek z mąką, aż zwilżą; ciasto będzie bardzo gęste.
f) Złóż rodzynki, aż dokładnie się połączą.
g) Rozłóż ciasto na przygotowanej żeliwnej patelni.
h) Piec w nagrzanym piekarniku, aż chleb wyrośnie i będzie złotobrązowy na wierzchu, około 1 godziny.

38. Bąbelkowy Chleb Parmezanowo-Bekonowy

Porcje: 16 porcji

SKŁADNIKI:
- 1 bochenek mrożonego ciasta chlebowego, rozmrożony (16 uncji)
- 1/4 szklanki masła, stopionego
- 3/4 szklanki tartego parmezanu
- 6 pasków bekonu, ugotowanych i drobno pokruszonych, podzielonych
- 1/3 szklanki drobno posiekanej zielonej cebuli, podzielonej
- 2 łyżki tartego parmezanu
- 2 łyżki bezsolnej mieszanki przypraw ziołowych
- 1-1/2 łyżeczki cukru
- Sos Alfredo lub sos marinara, opcjonalnie

INSTRUKCJE:
a) Obróć ciasto na lekko posypaną mąką powierzchnię; podzielić i uformować 16 rolek. Umieść masło w płytkiej misce. W dużej misce wymieszaj posiekany parmezan, połowę bekonu, połowę zielonej cebuli, starty parmezan, mieszankę przypraw i cukier. Zanurz kawałki ciasta w roztopionym maśle, a następnie wrzuć do masy serowej, aby pokryć. Ułóż kawałki w natłuszczonej 9-calowej formie. patelnia żeliwna.

b) Przykryj ręcznikiem kuchennym; odstawić w ciepłe miejsce do prawie podwojenia objętości, około 45 minut. Rozgrzej piekarnik do 350°. Piec na złoty kolor, 20-25 minut. Na wierzchu pozostały bekon i zielona cebula. Podawaj na ciepło i, jeśli chcesz, z sosem Alfredo lub marinara.

39. Irlandzki Chleb Sodowany Na Patelni

Porcje: 8 porcji

SKŁADNIKI:
- 1 szklanka mleka
- 1 łyżeczka octu
- 2 filiżanki mąki uniwersalnej
- ½ łyżeczki soli
- ½ łyżeczki sody oczyszczonej

INSTRUKCJE:

a) Rozgrzej piekarnik do 400 stopni F (200 stopni C). W filiżance lub małej misce wymieszaj mleko i ocet. Odstaw na 10 minut lub do zwarcia.

b) W średniej misce wymieszaj mąkę, sól i sodę oczyszczoną. Mieszaj mieszaninę zsiadłego mleka, aż będzie gładka. Zdjąć ciasto z miski na oprószony mąką blat i uformować w dysk. Umieść dysk na żeliwnej patelni.

c) Piecz przez 15 minut w nagrzanym piekarniku lub do momentu, aż skórka będzie twarda w dotyku.

40. Ziołowy Chleb Z Patelni

Porcje: 10 porcji

SKŁADNIKI:
- 1-1/2 szklanki mąki uniwersalnej
- 2 łyżki cukru
- 4 łyżeczki proszku do pieczenia
- 1-1/2 łyżeczki soli
- 1 łyżeczka utartej szałwii
- 1 łyżeczka suszonego tymianku
- 1-1/2 szklanki żółtej mąki kukurydzianej
- 1-1/2 szklanki posiekanego selera
- 1 szklanka posiekanej cebuli
- 1 słoik (2 uncje) posiekanych pimientos, odsączonych
- 3 duże jajka, temperatura pokojowa, ubite
- 1-1/2 szklanki beztłuszczowego mleka
- 1/3 szklanki oleju roślinnego

INSTRUKCJE:
a) W dużej misce wymieszaj mąkę, cukier, proszek do pieczenia, sól, szałwię i tymianek.
b) Połącz mąkę kukurydzianą, seler, cebulę i pimientos; dodać do suchych składników i dobrze wymieszać. Dodaj jajka, mleko i olej; mieszaj tylko do zwilżenia.
c) Wlać do natłuszczonej 10- lub 11-calowej formy. patelnia żaroodporna. Piec w temperaturze 400° przez 35-45 minut lub do czasu, aż chleb się skończy. Podawaj na ciepło.

41. Żeliwny Chleb Kukurydziany

Porcje: 8 porcji

SKŁADNIKI:
- ½ szklanki niesolonego masła
- 1 szklanka mąki kukurydzianej
- ½ łyżeczki drobnej soli
- 1 szczypta pieprzu cayenne
- 3 łyżki miodu lub do smaku
- 2 duże jajka
- 1 ½ szklanki maślanki
- 1 szklanka samorosnącej mąki

INSTRUKCJE:
a) Rozgrzej piekarnik do 400 stopni F (200 stopni C).
b) Rozpuść masło na żeliwnej patelni. Wyłącz ogrzewanie i odłóż masło na bok, aż będzie potrzebne.
c) Połącz mąkę kukurydzianą, sól, cayenne, miód, jajka i maślankę. Ubij do połączenia.
d) Dodaj mąkę i 1/2 masła z patelni; ponownie ubić. Wlać ciasto na pozostałe masło na patelni
e) Piec w nagrzanym piekarniku, aż wykałaczka wbita w środek wyjdzie czysta, około 25 minut. Chwilę schłodzić przed krojeniem.

42. Chleb Z Kukurydzy

Składniki: 1 ciasto kukurydziane

SKŁADNIKI:
¼ szklanki oleju rzepakowego
1 ½ szklanki białej mąki kukurydzianej
1 ½ łyżeczki soli
1 ⅓ szklanki maślanki
2 duże jajka

INSTRUKCJE:
a) Rozgrzej piekarnik do 425 stopni F (220 stopni C). Umieść 9-calową żeliwną patelnię na środkowej półce.
b) Gdy patelnia będzie gorąca, ostrożnie wyjmij patelnię z piekarnika. Wlej olej rzepakowy na patelnię i delikatnie obracaj patelnią, aby pokryć dno i boki. Ponownie włóż patelnię do piekarnika na dziesięć minut.
c) Gdy olej się nagrzewa, wymieszaj mąkę kukurydzianą i sól w średniej misce. Dodaj jajka i maślankę i wymieszaj, aby uzyskać rzadkie ciasto.
d) Ostrożnie wyciągnij ruszt z żeliwną patelnią i wlej ciasto na rozgrzaną patelnię.
e) Piecz kukurydzę, aż wykałaczka wbita w środek wyjdzie czysta, od 20 do 25 minut. W razie potrzeby obróć piekarnik na grill na ostatnie kilka minut pieczenia, aby wierzch się zarumienił.
f) Wyjmij patelnię z piekarnika i potrząśnij patelnią, aby poluzować kukurydzę z patelni. Podawaj kukurydzę na ciepło z patelni lub przełóż na talerz.

43. **Chleb Z Cukinii**

Porcje: 8 porcji

SKŁADNIKI:
- 1 szklanka grubo posiekanej cukinii
- 1 szklanka mleka
- ½ szklanki posiekanej cebuli
- 2 duże jajka
- ¼ szklanki oleju roślinnego
- 1 ¼ szklanki mąki kukurydzianej
- 1 Mąkę o wszechstronnym przeznaczeniu
- 2 łyżki białego cukru
- 4 łyżeczki proszku do pieczenia
- 1 łyżeczka soli
- 1 szklanka startego sera Cheddar

INSTRUKCJE:
a) Rozgrzej piekarnik do 400 stopni F (200 stopni C). Nasmaruj 10-calową żeliwną patelnię i umieść ją w piekarniku na czas nagrzewania.

b) Umieść cukinię, mleko, cebulę, jajka i olej roślinny w blenderze i pulsuj 5 do 8 razy, aż dokładnie się wymiesza, a cukinia i cebula zostaną posiekane na bardzo małe kawałki.

c) Wymieszaj mąkę kukurydzianą, mąkę, cukier, proszek do pieczenia i sól w dużej misce. Wlać mieszaninę cukinii do mieszanki mąki kukurydzianej, mieszając, aby połączyć i delikatnie wymieszać z serem Cheddar.

d) Ostrożnie wlej ciasto na gorącą, wysmarowaną tłuszczem patelnię, wygładź ją łyżką i piecz, aż chleb kukurydziany będzie złocistobrązowy, a wykałaczka wbita w środek wyjdzie czysta, około 30 minut.

44. Słodki Maślankowy Chleb Kukurydziany

Porcje: 10 porcji

SKŁADNIKI:
- ¼ szklanki oleju roślinnego
- 2 szklanki białej mąki kukurydzianej
- ¾ szklanki mąki uniwersalnej
- ⅓ szklanki białego cukru
- 4 ½ łyżeczki proszku do pieczenia
- ½ łyżeczki sody oczyszczonej
- 1 łyżeczka soli
- 2 duże jajka
- 2 szklanki maślanki

INSTRUKCJE:
a) Rozgrzej piekarnik do 450 stopni F (230 stopni C).
b) Wlej olej roślinny do 10-calowej żeliwnej patelni i zawiruj olej, aby pokryć dno i boki patelni. Umieść patelnię w nagrzanym piekarniku, aż będzie bardzo gorąca, od 3 do 5 minut.
c) Wyjmij patelnię z piekarnika.
d) W misce wymieszaj mąkę kukurydzianą, mąkę, cukier, proszek do pieczenia, sodę oczyszczoną i sól. Ubij jajka w osobnej misce i wymieszaj maślankę z jajkami.
e) Wlej połowę (2 łyżki stołowe) oleju roślinnego z gorącej patelni do maślanki, zachowując pozostały olej na patelni i ubijaj, aż olej się wchłonie.
f) Wymieszaj maślankę z suchymi składnikami, aby uzyskać gładkie ciasto. Wlać ciasto na patelnię.
g) Piec w piekarniku, aż góra będzie złocistobrązowa, od 18 do 20 minut. Pokrój chleb kukurydziany na porcje na patelni; podawać na ciepło.

45. **Chleb kukurydziany pani Patti**

Porcje: 8 porcji

SKŁADNIKI:
- 1 ½ szklanki żółtej mąki kukurydzianej
- 1 łyżka proszku do pieczenia
- 1 łyżeczka soli
- 1 szklanka kwaśnej śmietany
- 2 duże jajka
- 1 (14 uncji) puszka kukurydzy w stylu śmietankowym
- 1 cebula, posiekana
- ⅔ szklanki oleju roślinnego
- ¼ szklanki posiekanej papryczki jalapeno lub do smaku
- 3 szklanki rozdrobnionego sera Cheddar, podzielone

INSTRUKCJE:
a) Rozgrzej piekarnik do 400 stopni F (200 stopni C). Natłuścić dużą żeliwną patelnię.

b) Wymieszaj mąkę kukurydzianą, proszek do pieczenia i sól w misce; ubij śmietanę i jajka w mieszaninę mąki kukurydzianej, aż dokładnie się połączą. Wymieszaj w cieście kukurydzę, cebulę, olej roślinny i papryczki jalapeno.
c) Wlej połowę ciasta na przygotowaną żeliwną patelnię; rozłóż 1 szklankę sera Cheddar na cieście. Wlać pozostałe ciasto i rozsmarować pozostałe 2 szklanki sera Cheddar na wierzchu.
d) Piec w nagrzanym piekarniku, aż ser się zetnie, a polewa serowa stopi i zarumieni, około 45 minut.

46. Najlepszy chleb kukurydziany

Porcje: 6 do 8 porcji

SKŁADNIKI:
- 1 jajko
- 1⅓ szklanki mleka
- ¼ szklanki oleju roślinnego
- 2 szklanki samorosnącej mieszanki mąki kukurydzianej
- 1 (8 uncji) puszka kukurydzy w stylu śmietankowym
- 1 szklanka kwaśnej śmietany

INSTRUKCJE:

a) Rozgrzej piekarnik do 425 stopni F (220 stopni C). Nasmaruj 9-calową żelazną patelnię.

b) W dużej misce ubij jajko. Dodaj mleko, olej, kwaśną śmietanę, śmietankę kukurydzianą i mieszankę mąki kukurydzianej; mieszaj, aż mąka kukurydziana będzie tylko zwilżona. Wlać ciasto na natłuszczoną patelnię.

c) Piec przez 25 do 30 minut lub do momentu, gdy nóż włożony w środek wyjdzie czysty.

47. Podstawowy Chleb Kukurydziany Maślankowy

Porcje: 8 porcji

SKŁADNIKI:
- 2 szklanki mąki kukurydzianej
- 1 ½ szklanki maślanki
- ¼ szklanki oleju roślinnego
- 1 jajko
- 2 łyżki masła

INSTRUKCJE:
a) Rozgrzej piekarnik do 400 stopni F (200 stopni C). Wymieszaj mąkę kukurydzianą, maślankę, olej roślinny i jajko w misce, aby utworzyć ciasto.

b) Rozpuść masło na żeliwnej patelni na średnim ogniu i rozprowadź roztopione masło po całym dnie i po bokach patelni. Niech masło się podgrzeje, aż zacznie wydzielać słaby zapach tostów; wlać ciasto na gorącą patelnię.

c) Włóż patelnię do nagrzanego piekarnika i piecz przez 25 do 30 minut na złoty kolor.

48. Chleb kukurydziany na gorącą wodę

Ilość porcji: 4 Ilość porcji: 4 porcje

SKŁADNIKI:
- 3 łyżki oleju
- 1 szklanka wody
- 1 szklanka żółtej mąki kukurydzianej
- 1 szczypta przyprawionej soli

INSTRUKCJE:
a) Rozgrzej olej na żeliwnej patelni na średnim ogniu. Doprowadź wodę do wrzenia w rondlu.
b) Umieść mąkę kukurydzianą w misce. Powoli wlewaj wrzącą wodę do mąki kukurydzianej; mieszać, aż będzie gładkie. Wmieszaj przyprawioną sól do ciasta.
c) Łyżką nakładać ciasto na rozgrzany olej. Smażyć, aż krawędzie będą brązowe, około 5 minut; przewrócić chleb. Spłaszczyć szpatułką; smażyć, aż chleb się ugotuje, a brzegi zbrązowieją, około 5 minut. Osącz na papierowym ręczniku.

49. Irlandzki Pikantny Chleb Kukurydziany

Sprawia, że: 1 12-calowa patelnia

SKŁADNIKI:
- 2 filiżanki mąki uniwersalnej
- 1 szklanka żółtej mąki kukurydzianej
- ⅓ szklanki białego cukru
- 4 ½ łyżeczki proszku do pieczenia
- 1 ½ łyżeczki soli
- 1 ½ łyżeczki pieprzu cayenne
- ½ szklanki tłuszczu piekarskiego
- 1 ½ szklanki mleka
- 2 duże jajka, ubite
- 4 ½ łyżeczki ostrego sosu paprykowego

INSTRUKCJE:
a) Rozgrzej piekarnik i patelnię do 400 stopni F (200 stopni C).
b) W dużej misce wymieszaj mąkę, mąkę kukurydzianą, cukier, proszek do pieczenia, sól i pieprz cayenne. Pokrój w tłuszcz, aż mieszanina będzie przypominać grubą bułkę tartą.
c) W małej misce wymieszaj mleko, jajka i sos z ostrej papryki. Mieszaj mieszaninę mleka z mieszanką mąki / mąki kukurydzianej, aż się połączy. Wyjmij gorącą patelnię z piekarnika, spryskaj ją nieprzywierającym sprayem do gotowania i wlej ciasto na patelnię.
d) Piec w nagrzanym piekarniku przez 20 do 25 minut lub do momentu, aż wykałaczka wbita w środek bochenka wyjdzie czysta.
e) Podgrzej patelnię w piekarniku przed dodaniem mieszanki i dobrze spryskaj ją nieprzywierającym sprayem. Z moimi patelniami zajmuje to około 18 minut, ale dla pełnego bochenka na patelni prawdopodobnie zajmie to więcej czasu.

50. Wilgotny Wegański Chleb Kukurydziany

Sprawia: 1 10-calowa patelnia

SKŁADNIKI:
- 2 szklanki mleka sojowego
- 2 łyżeczki octu jabłkowego
- 2 szklanki mąki kukurydzianej
- 1 Mąkę o wszechstronnym przeznaczeniu
- 2 łyżeczki proszku do pieczenia
- ½ łyżeczki soli
- ⅓ szklanki oleju rzepakowego
- 2 łyżki syropu klonowego
- 1 szklanka mrożonych ziaren kukurydzy

INSTRUKCJE:
a) Rozgrzej piekarnik do 350 stopni F (175 stopni C). Umieść natłuszczoną, 10-calową żeliwną patelnię w nagrzanym piekarniku.

b) Wymieszaj mleko sojowe i ocet razem w misce. Odstaw, aż się zetnie, około 5 minut.
c) W misce wymieszaj mąkę kukurydzianą, mąkę, proszek do pieczenia i sól.
d) Wlej olej i syrop klonowy do mieszanki mleka sojowego. Ubijaj widelcem, aż powstanie piana, około 3 minuty. Wlać mieszaninę mąki kukurydzianej i mieszać do połączenia. Złóż ziarna kukurydzy. Wlać ciasto na gorącą patelnię.
e) Piec w nagrzanym piekarniku, aż wykałaczka wbita w środek wyjdzie czysta, od 25 do 35 minut. Pokrój w kwadraty lub kliny.

51. Chleb Piwny Bubba

Porcje: 8 porcji

SKŁADNIKI:
- 3 szklanki samorosnącej mąki
- 3 łyżki białego cukru
- 1 łyżeczka cebuli w proszku
- 1 łyżeczka suszonego koperku lub do smaku
- 1 łyżeczka soli
- 1 (12 uncji płynu) puszka piwa, temperatura pokojowa
- 4 uncje pokrojonego w kostkę sera Cheddar lub do smaku

INSTRUKCJE:
a) Rozgrzej piekarnik do 350 stopni F (175 stopni C). Lekko nasmaruj żeliwną patelnię o średnicy 9 lub 10 cali.

b) W dużej misce wymieszaj samorosnącą mąkę, cukier, cebulę w proszku, koperek i sól. Wlej piwo i mieszaj, aż całość zostanie wchłonięta.

c) Mieszaj tak delikatnie, jak to możliwe, aby nie spuścić powietrza z piwa. Złóż kostki sera.

d) Piecz przez 45 do 60 minut lub do momentu, aż wierzch odskoczy po lekkim dotknięciu.

e) Chleb powinien wyrosnąć znacznie powyżej krawędzi formy.

52. Chleb kukurydziany z żeliwnej patelni

Sprawia, że: 1 10-calowy okrągły

SKŁADNIKI:
- 1 łyżka oleju roślinnego
- 1 (14 uncji) puszka kukurydzy w stylu śmietankowym
- 1 ½ szklanki samorosnącej żółtej mąki kukurydzianej
- ½ szklanki maślanki
- ½ szklanki kwaśnej śmietany
- ½ szklanki jogurtu greckiego
- 2 duże jajka, ubite
- ½ łyżeczki soli
- ¼ łyżeczki mielonej czerwonej papryczki chilli lub do smaku
- 1 łyżka masła lub do smaku

INSTRUKCJE:
a) Wlej olej roślinny na żeliwną patelnię; umieścić w piekarniku. Rozgrzej piekarnik do 400 stopni F (200 stopni C).
b) Wymieszaj w misce kukurydzę, mąkę kukurydzianą, maślankę, kwaśną śmietanę, jogurt, jajka, sól i czerwoną papryczkę chili, aby uformować ciasto. Wyjmij patelnię z piekarnika za pomocą rękawic kuchennych; wlać ciasto.
c) Piec w nagrzanym piekarniku, aż krawędzie odejdą od patelni, 30 do 40 minut. Rozłóż masło na wierzchu.

53. **Żeliwny Chleb Kukurydziany**

Sprawia, że: 1 10-calowy okrągły

SKŁADNIKI:
- 2 duże jajka
- 1 ½ szklanki mleka
- 2 ½ szklanki samorosnącej białej mąki kukurydzianej
- ½ łyżeczki soli
- 3 łyżki oleju roślinnego
- 2 łyżki tłuszczu piekarskiego

INSTRUKCJE:
a) Rozgrzej piekarnik do 450 stopni F (230 stopni C).
b) Ubij jajka razem w dużej misce, aż będą jasne i pieniste; wymieszać z mlekiem. Wymieszaj mąkę kukurydzianą i sól. Dodaj oleju; mieszaj, aż ciasto będzie gładkie.
c) Umieść tłuszcz na 10-calowej żeliwnej patelni; podgrzej patelnię w nagrzanym piekarniku, aż tłuszcz się upłynni, 2 do 3 minut. Zdjąć patelnię i wlać ciasto.
d) Wstaw patelnię z powrotem do piekarnika i piecz, aż chleb kukurydziany będzie lekko rumiany, od 25 do 30 minut.
e) Natychmiast wyjmij patelnię z piekarnika i przykryj drewnianą deską do krojenia. Użyj rękawic kuchennych, aby odwrócić patelnię i przełożyć chleb kukurydziany na deskę do krojenia. Pokroić na 8 klinów.

54. Chleb Muensterski

Porcja: 1 bochenek (16 kromek)

SKŁADNIKI:
- 2 opakowania (1/4 uncji każde) aktywnych suchych drożdży
- 1 szklanka ciepłego 2% mleka (110° do 115°)
- 1/2 szklanki masła, zmiękczonego
- 2 łyżki cukru
- 1 łyżeczka soli
- 3-1/4 do 3-3/4 filiżanek mąki uniwersalnej
- 1 duże jajko plus 1 duże żółtko, temperatura pokojowa
- 4 szklanki startego sera Muenster
- 1 duże białko jajka, ubite

INSTRUKCJE:
a) W dużej misce rozpuść drożdże w mleku. Dodaj masło, cukier, sól i 2 szklanki mąki; ubijać do gładkości. Wymieszaj tyle pozostałej mąki, aby utworzyć miękkie ciasto.
b) Obróć na posypaną mąką powierzchnię; ugniataj, aż będzie gładkie i elastyczne, 6-8 minut. Umieścić w natłuszczonej misce, obracając raz, aby posmarować górę. Przykryć i odstawić w ciepłe miejsce do podwojenia objętości, na około 1 godzinę.
c) W dużej misce ubij jajko i żółtko; wymieszać z serem. Uderz ciasto; zwinąć w 16-calowy. koło.
d) Umieścić w wysmarowanej tłuszczem 10-calowej. żeliwna patelnia lub 9-calowa. okrągłej blasze do pieczenia, pozwalając ciastu ułożyć się na brzegach. Masę serową wyłożyć na środek ciasta. Zbierz ciasto na nadzienie w 1-1/2 cala. fałdowanie. Delikatnie ściśnij fałdy u góry i przekręć, aby utworzyć węzeł. Zostawiamy do wyrośnięcia 10-15 minut.
e) Bułkę posmarować białkiem. Piec w temperaturze 375° przez 40-45 minut. Studzić na metalowej kratce przez 20 minut. Podawaj na ciepło.

55. Chleb Kukurydziany z Awokado

Sprawia: jeden 9-calowy okrągły chleb kukurydziany
SKŁADNIKI:
- 1 szklanka mielonej mąki kukurydzianej
- 1/2 szklanki mąki uniwersalnej
- 1 1/2 łyżeczki sody oczyszczonej
- 1/2 łyżeczki soli
- 1/2 łyżeczki pieprzu cayenne
- 2 łyżeczki kminku
- 6 łyżek masła
- 2 łyżki miodu
- 1 szklanka maślanki
- 1 jajko
- 1 kolba kukurydzy odcięta z kolby (około 1 1/2 szklanki)
- 1 duże dojrzałe awokado w kostkach 1/2 cala (około 1 1/2 szklanki)
- Sok z 1/2 limonki (około 2 łyżeczki)

INSTRUKCJE:

a) Rozgrzej piekarnik do 400. Włóż 2 łyżki masła i 1 łyżeczkę kminku do 9-calowej żelaznej patelni lub tortownicy i włóż do piekarnika.

b) Pozostałe suche składniki wymieszać ze sobą. Rozpuść razem pozostałe masło i miód (końcówka do odmierzania miodu - przed wlaniem miodu dodaj łyżce do odmierzania środka nieprzywierającego - natychmiast się wysunie). Wymieszaj kukurydzę i awokado - wyciśnij limonkę i delikatnie wrzuć do pokrycia.

c) W dużej misce - wymieszaj jajko i maślankę. Tak, teraz zabrudziłeś 4 miski. Ale możesz je umyć, gdy piecze się chleb kukurydziany.

d) Powoli wymieszaj roztopione masło i miód z maślanką i jajkiem. Następnie wymieszaj suche składniki, a następnie delikatnie wmieszaj awokado i kukurydzę. Wyjmij gorącą patelnię z piekarnika i wlej ciasto.

e) Włóż chleb kukurydziany z powrotem do piekarnika i zmniejsz temperaturę do 375. Piecz 30-40 minut, aż będzie złocisto-brązowy, a tester wyjdzie czysty (chyba, że trafisz awokado!) • Pozwól trochę ostygnąć przed podaniem.

HISZPAŃSKI PUDDING CHLEBOWY

56. meksykańska capirotada

Porcje: 8 porcji

SKŁADNIKI:
- 4 szklanki wrzącej wody
- 2 szklanki brązowego cukru
- 1 Cały goździk
- 1 laska cynamonu
- ¼ szklanki masła
- 1 Chleb z rodzynkami pokrojony w kostkę
- 1 szklanka rodzynek
- 1 szklanka posiekanych orzechów włoskich
- ¼ funta Rozdrobniony ser monterey jack
- ¼ funta rozdrobnionego sera colby

a) Do jednej kwarty wrzącej wody dodaj brązowy cukier, goździki, cynamon i masło.
b) Gotuj na wolnym ogniu, aż powstanie lekki syrop, a następnie usuń goździki i cynamon.
c) Pokrój 1 bochenek chleba z rodzynkami w kostkę i wysusz w piekarniku w temperaturze 250 F, aż będzie chrupiący.
d) Opłucz 1 szklankę rodzynek w gorącej wodzie, a następnie odsącz. W dużym wysmarowanym masłem naczyniu do pieczenia układaj w sposób ciągły kostki chleba, rodzynki, orzechy włoskie, ser Monterey Jack i longhorn (cheddar-jack), aż wszystkie składniki zostaną wykorzystane.
e) Łyżką gorącego syropu równomiernie rozprowadź mieszankę chlebową. Piec w nagrzanym piekarniku w temperaturze 350 F przez 30 minut. Podawać na ciepło lub na zimno.

57. Hiszpański budyń chlebowy z jabłkami i rodzynkami

Porcje: 6 porcji
SKŁADNIKI:
- 1 jajko
- ¼ szklanki mleka
- 1 laska (4 uncje) masła; stopiony
- 4 szklanki czerstwego hiszpańskiego chleba w kostkach; 3/4 cala
- 3 uncje sera Cheddar pokrojonego w 1/4-calowe kostki (około 2/3 szklanki)
- ½ szklanki orzechów włoskich; posiekana
- 1 łyżeczka mielonego cynamonu
- ¾ szklanki Ciemnobrązowy cukier; zapakowane
- ½ szklanki rodzynek
- 1 średnie jabłko; obrane, pozbawione gniazd nasiennych i pokrojone w kostkę o boku 3/8 cala
- ½ łyżeczki ekstraktu waniliowego
- Rum i masło biedaka
- sos
- Bita śmietana lub lody waniliowe

Rozgrzej piekarnik do 350 stopni F. W dużej misce ubij jajko, mleko i roztopione masło. Dodaj kostki chleba i wrzuć, aby równomiernie zwilżyć.

Dodaj ser i orzechy i posyp cynamonem. Delikatnie wymieszaj do połączenia.

W średnim rondlu połącz brązowy cukier, rodzynki, jabłko i 1 szklankę wody. Gotuj na średnim ogniu, aż jabłko zmięknie, około 3 minut. Zdjąć z ognia i wymieszać z wanilią.

Umieść połowę mieszanki chlebowej na dnie posmarowanej masłem 1-½ kwartowej zapiekanki. Rozsmaruj równo. Łyżką cedzakową wyjmij rodzynki i jabłka z syropu i rozprowadź na chlebie. Przykryć pozostałą mieszanką chleba. Wlać syrop równomiernie na powierzchnię. Drewnianą łyżką naciśnij mieszankę chlebową, aby nasiąkła syropem.

Piecz przez 30 do 35 minut lub do momentu, aż wierzch lekko się zarumieni, a budyń stężeje. Podawać na ciepło z sosem rumowym, bitą śmietaną lub lodami waniliowymi.

58. Pudin de Pan

Porcje: 12 dużych, 18 małych porcji

SKŁADNIKI:
- 1 kg krojonego białego chleba (około 1½ bochenka)
- 4 jajka
- 1 litr mleka (wystarczy pełne lub półtłuste)
- 1 mała puszka skondensowanego mleka (około 225 g)
- 150 g) cukier
- 1 cytryna, skórka
- 50 g zimnego masła pokrojonego w kostkę
- 100 ml rumu, brandy lub koniaku
- ½ łyżeczki startej gałki muszkatołowej
- 1½ łyżeczki cynamonu
- ½ łyżeczki ekstraktu waniliowego
- 400 g rodzynek (bez pestek)
- 100 ml wody

INSTRUKCJE:

a) Umieść rodzynki w misce i dodaj około 6 do 7 łyżek ciepłej wody, aby je napęczniały. Odłóż na bok, aż będzie gotowy do użycia.

b) Jeśli używasz czerstwego chleba, pokrój go na kawałki w misce i zalej wodą. Moczyć przez około 20-30 minut, a następnie spuścić wodę i wycisnąć chleb rękami, aby usunąć nadmiar wody. Jeśli używasz świeżego chleba, pomiń ten krok i pokrój kromki na ćwiartki.

c) Namocz chleb w misce z około 1 litrem mleka, odparowanym mlekiem i cukrem. Mieszanka chlebowa powinna być bardzo miękka, ale niezbyt płynna. Spróbuj, aby upewnić się, że jest wystarczająco słodki. W razie potrzeby można dodać trochę więcej cukru, ale może to nie być konieczne.

d) Lekko ubij jajka i dodaj do mieszanki skórkę z cytryny, gałkę muszkatołową, cynamon, rodzynki, rum/brandy i kostki masła. Dobrze wymieszaj.

e) Nasmaruj dobrze naczynie żaroodporne o wymiarach około 35 cm x 23 cm (12 cali na 9 cali) i dodaj do niego mieszankę.

f) Posypać obficie cynamonem i białym lub brązowym cukrem.

g) Piec w nagrzanym piekarniku w 180C (355F) z termoobiegiem przez około 1 godzinę. Przykryj folią aluminiową przez pierwsze 30 minut, następnie otwórz piekarnik i szybko zdejmij folię i piecz przez kolejne 30 minut bez przykrycia, aż wierzch się zetnie, a budyń się upiecze. Nakłuć nożem, jeśli wyjdzie czysty, to gotowe.

h) Po zakończeniu wyjmij z piekarnika i pozostaw do ostygnięcia w naczyniu. To jest podawane w temperaturze pokojowej.

59. Akadyjski pudding chlebowy

Porcje: 1 porcja

SKŁADNIKI:
- 12 uncji Francuski chleb pokrojony w kostkę lub worek bułki ziemniaczanej
- 4 jajka
- 1½ szklanki cukru
- 3½ szklanki mleka
- ½ łyżeczki gałki muszkatołowej
- 1 łyżeczka cynamonu
- ¼ funta Oleo; stopiony
- 1 kwarta ciężkiej śmietany lub w razie potrzeby zamiast; 1 kwarta pół na pół
- 8 łyżek cukru
- 9 łyżek rumu; (lubię wkładać więcej)
- 3 łyżki skrobi kukurydzianej
- 2 łyżki wody
- 1 łyżeczka skórki pomarańczowej; (otarta skórka pomarańczowa)
- 1 szklanka orzechów pekan; (opcjonalny)

a) Rozgrzej piekarnik do 350ø. Umieść chleb w wysmarowanej tłuszczem formie do pieczenia 9 x 13. Jajka i cukier ubijać na najwyższych obrotach przez 3-4 minuty.

b) Dodaj gałkę muszkatołową i cynamon, zmniejsz obroty miksera i dodaj mleko, a następnie oleo. Wylej mieszankę jajeczno-mleczną na chleb i pozostaw do namoczenia przez 30 minut.

c) Wstaw naczynie do piekarnika i piecz przez 20 minut, obniż temperaturę do 300° i piecz kolejne 20 minut. Budyń chlebowy powinien być puszysty i brązowy. W razie potrzeby piec dłużej.

d) Sos Pecan-Rum: Podgrzej śmietanę w rondlu z grubym dnem, aż się zagotuje. Nie pozwól się zagotować. Dodaj cukier i rum i ubijaj, aż cukier się rozpuści.

e) Połącz mąkę kukurydzianą i wodę, mieszaj, aż skrobia kukurydziana się rozpuści.

f) Ubij miksturę ze śmietaną, aż sos zgęstnieje. Zmniejsz ogień, dodaj skórkę pomarańczową i orzechy pekan.

60. Budyń chlebowy z brandy

Porcje: 1 porcja

SKŁADNIKI:
- ½ szklanki rodzynek
- ¼ szklanki brandy
- 8 kromek chleba francuskiego --
- Nieświeży
- 2 łyżki masła - zmiękczonego
- 2 szklanki mleka
- ⅓ szklanki cukru
- 3 jajka
- 4 żółtka
- 1 łyżeczka ekstraktu waniliowego

a) Rozgrzej piekarnik do 325. Umieść rodzynki w misce, zalej je brandy i pozostaw do namoczenia na ½ godziny. Ułóż 8 kromek chleba, które posmarowałeś masłem z obu stron, w wysmarowanym masłem naczyniu do pieczenia.
b) Doprowadź mleko do wrzenia, zdejmij z ognia i mieszaj, aż cukier całkowicie się rozpuści. Za pomocą miksera elektrycznego ubij jajka i żółtka; stopniowo wlewać mleko i dodać wanilię.
c) W naczyniu do pieczenia kromki chleba polać rodzynkami i brandy, a następnie polać masą jajeczną.
d) Umieść naczynie do pieczenia w garnku z wrzącą wodą i piecz w piekarniku przez około 40 minut lub do momentu, gdy nóż stołowy wbity w budyń wyjdzie czysty. Przed podaniem ostudź trochę, ale podawaj, gdy jest jeszcze ciepła. Jest dobra również na zimno następnego dnia.
e) Nie zamrażać.

CHLEB SEROWY HISZPAŃSKI

61.   Hiszpański Cheddar

Porcje: 1 porcja

SKŁADNIKI:
- 2 szklanki mąki pełnoziarnistej
- 2 łyżeczki cukru
- 1 łyżka glutenu pszennego
- 1 łyżeczka drożdży
- ½ łyżeczki soli morskiej
- 1 łyżka granulek lecytyny Or
- 3 szklanki mąki pełnoziarnistej
- 1 łyżka cukru
- 1½ łyżki glutenu pszennego
- 1½ łyżeczki drożdży
- ¾ łyżeczki soli morskiej
- 1½ łyżki granulek lecytyny lub oleju roślinnego
- ¾ łyżeczki całych nasion kminku
- 1 szklanka beztłuszczowej maślanki
- ¾ szklanki sera Cheddar, beztłuszczowego lub o obniżonej zawartości tłuszczu – rozdrobnionego
- Olej roślinny
- 1⅛ łyżeczki całych nasion kminku
- 1½ szklanki beztłuszczowej maślanki
- 1 szklanka sera Cheddar, rozdrobnionego (+ 2 łyżki)

a) Włóż wszystko oprócz sera do formy do pieczenia chleba.
b) Włącz maszynę na ustawienie CHLEB Z RODZYNKAMI i dodaj ser, gdy maszyna zabrzęczy.
c) Bochenek o wadze 1 funta to 12 kromek, a bochenek o wadze 1,5 funta to 18 kromek.

62. Hiszpański Chleb Serowy

Porcja: 14 plasterków

SKŁADNIKI:
- 1 łyżeczka cukru
- 2 ¼ łyżeczki drożdży
- 1 ¼ szklanki wody
- 3 szklanki mąki chlebowej
- 2 łyżki parmezanu
- 1 łyżeczka czosnku w proszku
- 1 ½ łyżeczki soli

INSTRUKCJE:
a) Przygotuj składniki.
b) Dodaj każdy składnik do maszyny do pieczenia chleba w kolejności iw temperaturze zalecanej przez producenta maszyny do pieczenia chleba.
c) Zamknij pokrywę, wybierz chleb podstawowy, średnią skórkę w swoim automacie do pieczenia chleba i naciśnij start.
d) Gdy automat do pieczenia chleba zakończy pieczenie, wyjmij chleb i umieść go na kratce do ostygnięcia.

63. Chleb Hiszpański Szynka Parmezan

Porcje: 10 porcji / 1 bochenek

SKŁADNIKI:
- 3 ⅓ szklanki mąki pszennej chlebowej
- 1 szklanka szynki, posiekanej
- ½ szklanki mleka w proszku
- 1 ½ łyżki cukru
- 1 łyżeczka świeżych drożdży
- 1 łyżeczka soli koszernej
- 2 łyżki startego parmezanu
- 1 ⅓ szklanki letniej wody
- 2 łyżki oleju

INSTRUKCJE:
a) Dodaj wszystko (oprócz szynki) do automatu do chleba zgodnie z zaleceniami automatu.
b) Wybierz hiszpański chleb i średnią skórkę.
c) Dodaj szynkę po sygnale dźwiękowym.
d) Po upieczeniu wyjąć chleb.
e) Schłodzić, pokroić i podawać.

PIECZYWO HISZPAŃSKIE

64. Hiszpański Podpłomyk

Przepis na: 8 płaskich chlebów

SKŁADNIKI:
- 3 szklanki mąki uniwersalnej 360 gramów
- 1 łyżka proszku do pieczenia 12 gramów
- 3/4 łyżeczki sól morska 4,5 grama
- 2 łyżki oliwy z oliwek extra virgin 30 ml
- 3 łyżki miodu 80 gramów
- 1/4 łyżeczki nitek szafranu 0,17 grama
- 1 szklanka letniej ciepłej wody 240 ml

DODATKI:
- mąka uniwersalna
- Oliwa z oliwek z pierwszego tłoczenia

INSTRUKCJE:

a) Ściśnij 1/4 łyżeczki nitek szafranu w 1 szklance letniej wody, wymieszaj i odstaw

b) W międzyczasie dodaj 3 szklanki mąki uniwersalnej do dużej miski, razem z 1 łyżką proszku do pieczenia i 3/4 łyżeczki soli morskiej, wymieszaj, a następnie zrób wgłębienie, dodaj 2 łyżki oliwy z oliwek z pierwszego tłoczenia, 3 łyżki miodu i 1 szklankę wody z dodatkiem szafranu, wymieszać

c) Po dokładnym wymieszaniu i uzyskaniu konsystencji przypominającej ciasto, wejdź tam rękoma i delikatnie uderz w ciasto, a następnie złóż razem, kontynuuj tę technikę, aż uzyskasz jedwabiste ciasto (trwa to od 1 do 2 minut), a następnie uformować kulę

d) Posyp czystą, płaską powierzchnię odrobiną mąki uniwersalnej, ułóż kulę ciasta na wierzchu, przekrój ją na pół, a następnie pokrój każdą połówkę na 4 równych kawałków, w sumie 8 kawałków ciasta

e) Rozgrzej nieprzywierającą patelnię do grillowania na średnim ogniu

f) W międzyczasie uformuj pierwszy kawałek ciasta, używając rąk lub wałka, uformuj z ciasta żądany wzór, upewniając się, że grubość nie przekracza 1/4 cala (0,635 cm), a następnie skrop ciasto pocałunek oliwy z oliwek z pierwszego tłoczenia i wlej na gorącą patelnię, smaż przez 90 sekund do 2 minut z każdej strony, pamiętając o dodaniu kolejnej kropli oliwy z oliwek do ciasta przed obróceniem

g) Kontynuuj formowanie i pieczenie podpłomyków w tej technice, aż będą gotowe, podawaj na ciepło lub w temperaturze pokojowej, smacznego!

65. Tortas De Aceite

Porcja: 12 tortów

SKŁADNIKI:
- 1 1/2 do 2 1/2 szklanki włoskiej mąki 00 lub mąki tortowej
- 1 łyżeczka soli morskiej
- 2 łyżeczki nasion kopru włoskiego
- Niecałe 1/2 szklanki hiszpańskiej oliwy z oliwek z pierwszego tłoczenia i więcej na blachy do pieczenia
- 2/3 szklanki ciepłej wody
- 3 łyżki cukru pudru plus dodatkowo do posypania
- 2 łyżeczki aktywnych suchych lub instant drożdży
- Cukier cukierniczy do posypania
- Uniwersalna mąka na powierzchnię roboczą
- 1 duże ubite białko

INSTRUKCJE:
a) Rozgrzej piekarnik do 450°F (230°C).
b) W dużej misce wymieszaj 1 1/2 szklanki mąki (180 g), sól i nasiona kopru włoskiego.
c) Wlej olej do miarki lub innej miski zawierającej wodę, dodaj cukier i drożdże i dobrze wymieszaj. Odstaw na kilka minut, aż się spieni.
d) Zrób zagłębienie w środku mieszanki mąki i powoli wlej mieszaninę drożdży, używając widelca do stopniowego mieszania mąki. Kiedy wszystko zacznie się łączyć, użyj rąk, aby wymieszać je na gładkie ciasto. Jeśli ciasto jest lepkie jak cholera, dodaj część lub całą pozostałą 1 szklankę mąki, trochę po trochu, aż powstanie gładkie ciasto. Jest całkiem możliwe, że będziesz musiał dodać co najmniej 1/2 szklanki i tyle, ile pełna 1 filiżanka.
e) Lekko natłuścić 2 duże blachy do pieczenia, a następnie posypać cukrem pudrem. Lekko posyp mąką czystą powierzchnię roboczą i wałek do ciasta uniwersalną mąką.
f) Podziel ciasto na 12 równych kawałków i z każdego uformuj kulę. Rozwałkuj każdą kulkę, aż stanie się prawie przezroczysta i ma około 4 cali średnicy.

g) Umieść każdy tort na blasze do pieczenia i delikatnie posmaruj odrobiną ubitego białka. Lekko oprósz ciasto najpierw cukrem pudrem, a następnie odrobiną cukru surowego.

h) Piecz przez 5 do 12 minut lub do momentu, aż będą złociste i chrupiące. Uważnie obserwuj torta, ponieważ może spalić się w ciągu kilku sekund.

i) Natychmiast przenieś tortille na stojaki z drutu, aby ostygły i były chrupiące.

j) Spożywać na ciepło lub w temperaturze pokojowej. Podczas gryzienia torta rozpadnie się w płatkowatą piękność, a następnie szybko rozpuści się w słodką nicość w ciągu kilku sekund. Tak cudownie.

66. Chleb Nadziewany Szpinakiem

Sprawia, że: 20–24

SKŁADNIKI:
- 3 szklanki 100% mąki pełnoziarnistej
- 2 szklanki świeżego szpinaku, przycięte i drobno posiekane
- 1 szklanka wody
- 1 łyżeczka grubej soli morskiej

INSTRUKCJE:

a) W robocie kuchennym zmiksuj mąkę i szpinak. To stanie się kruchą mieszanką.

b) Dodaj wodę i sól. Wyrabiaj, aż ciasto stanie się lepką kulą.

c) Przenieś ciasto do głębokiej miski lub na lekko posypany mąką blat i zagniataj przez kilka minut, aż będzie gładkie jak ciasto na pizzę. Jeśli ciasto się klei, dodać jeszcze trochę mąki. Jeśli jest zbyt suche, dodaj trochę więcej wody.

d) Oderwij kawałek ciasta wielkości piłki golfowej i rozwałkuj go między dłońmi, aby uformować kulkę. Naciśnij go między obiema dłońmi, aby lekko go spłaszczyć, i rozwałkuj na lekko posypanej mąką powierzchni, aż uzyska około 5 cali średnicy.

e) Rozgrzej ciężką patelnię na średnim ogniu. Gdy będzie gorąca, umieść Parathę na patelni i podgrzewaj przez 30 sekund, aż będzie wystarczająco twarda, aby można ją było przewrócić, ale nie całkowicie twarda lub wysuszona.

f) Smaż przez 30 sekund po przeciwnej stronie. W międzyczasie lekko natłuścić stronę skierowaną do góry, odwrócić, lekko naoliwić drugą stronę i smażyć z obu stron, aż lekko się zrumienią.

67. Płaski chleb serowo-ziołowy

Porcje: 2 porcje

Składnik
- 1 opakowanie drożdży
- ¼ szklanki Ciepła woda
- 2 łyżki margaryny
- 1 łyżka cukru
- 1½ łyżeczki soli
- ¾ filiżanki Mleko - parzone
- 3 szklanki mąki uniwersalnej
- 2 łyżki Cebula - posiekana
- ¼ szklanki margaryny – roztopionej
- ½ łyżeczki oregano
- ½ łyżeczki papryki
- ¼ łyżeczki nasion selera
- ¼ łyżeczki soli czosnkowej
- ½ łyżeczki bazylii
- 1 szklanka sera Cheddar, posiekanego

a) Zmiękcz drożdże w ¼ szklanki ciepłej wody.

b) W misce wymieszaj 2 łyżki margaryny, cukier, sól i zaparzone mleko. Chłodny do letniego.

c) Wmieszaj drożdże do mieszanki mlecznej. Stopniowo dodawać mąkę, zagniatając sztywne ciasto. Możesz nie potrzebować całej mąki. Zagnieść na posypanej mąką powierzchni, aż będzie gładkie i satynowe; 4 do 5 minut.

d) Umieść w natłuszczonej misce i obróć, aby pokryć wierzch. Przykryj i pozostaw do wyrośnięcia; około 45 minut.

e) Ciasto podzielić na pół. Wciśnij każdy kawałek do 9-calowego ciasta lub tortownicy.

f) Połącz cebulę, ¼ szklanki stopionej margaryny, oregano, paprykę, nasiona selera, sól czosnkową i bazylię. Rozsmarować na cieście. Posypać równomiernie serem. Każdy nakłuć widelcem w kilku miejscach.

g) Pozostaw do wyrośnięcia na około 30 minut lub do jasnego światła.

h) Piec w nagrzanym piekarniku do 375 stopni przez 20 do 25 minut, aż uzyskasz złoty kolor.

i) Podawać jeszcze ciepłe.

68. Chrupiący płaski chleb kukurydziany

Porcje: 1 porcja

SKŁADNIKI
- 1 szklanka mąki z brązowego ryżu + dodatkowo do posypania bochenków
- 1½ łyżeczki Drożdże granulowane
- 2 łyżeczki cukru
- 1½ szklanki ciepłej wody (110F)
- 1 szklanka mąki kukurydzianej
- ½ szklanki skrobi kukurydzianej
- 2 łyżeczki gumy ksantanowej w proszku
- 1 do 1 1/2 łyżeczki soli
- 2 duże jajka w temperaturze pokojowej
- 1 łyżka oleju kukurydzianego

INSTRUKCJE:

a) Połącz ½ szklanki mąki ryżowej, drożdże, cukier i ½ szklanki ciepłej wody w szklanej miarce o pojemności 2 filiżanek; mieszaj, aby połączyć, a następnie odstaw w ciepłe miejsce, aż podwoi swoją objętość, około 10 minut.

b) Wyłóż dużą blachę do pieczenia pergaminem i narysuj na niej dwa 8-calowe koła.

c) Połącz pozostałe ½ szklanki mąki ryżowej, mąkę kukurydzianą, skrobię kukurydzianą, gumę ksantanową w proszku i sól w dużej misce; mieszać do mieszania.

d) Lekko ubij jajka; odłożyć 1 łyżkę do posmarowania wierzchów bochenków. Dodaj pozostałą 1 szklankę ciepłej wody i olej kukurydziany do ubitych jaj. Za pomocą drewnianej łyżki wymieszaj mieszaninę jajek i drożdży z mąką i ubijaj, aż będzie gładka. Za pomocą gumowej szpatułki rozłóż miękkie ciasto w kółko na zaznaczonym papierze pergaminowym, lekko unosząc je na środku.

e) Bochenki przykryć lekko natłuszczoną folią spożywczą i odstawić do podwojenia objętości na około 1 godzinę.

f) Rozgrzej piekarnik do 425F.

g) Ubij kilka kropel wody w zarezerwowane ubite jajko i posmaruj bochenki. Lekko oprószyć mąką ryżową. Używając żyletki, pokrój bochenki bochenków w dużą rombową kratkę.

h) Pieczemy 20 minut, aż ładnie się zarumienią.

HISZPAŃSKA EMPANADA

69. Empanada Gallega

Porcje: 8 porcji

SKŁADNIKI:
DO NAPEŁNIENIA:
- 100 ml oliwy z oliwek
- 3 czerwone papryki, drobno pokrojone
- 2 cebule, drobno pokrojone
- 1 ząbek czosnku, drobno posiekany
- 1 liść laurowy
- 300 g tuńczyka bonito w oleju, zachowaj olej do smażenia papryki
- 2 jajka na twardo, grubo posiekane
- Sól i pieprz do smaku

NA CIASTO:
- 500g mąki pszennej
- 20g soli
- 6g świeżych drożdży
- 165 ml ciepłej wody
- 100ml oleju z gotowania nadzienia
- 1 żółtko do posmarowania

a) Zacznij od przygotowania nadzienia z empanady. Na dużej patelni lub w naczyniu żaroodpornym rozgrzej oliwę z oliwek i olej z tuńczyka, dodaj pokrojoną cebulę, paprykę i liść laurowy i smaż na małym ogniu przez 10 minut.
b) Dodaj posiekany czosnek i gotuj przez kolejne 10 minut.
c) Odcedź mieszankę, zachowując olej do ciasta i pozwól mieszance ostygnąć. Dodaj płatki tuńczyka i posiekane jajka na twardo, dopraw solą i pieprzem.
d) Aby zrobić ciasto na empanadę, wymieszaj mąkę i sól w misce. Rozkrusz świeże drożdże w ciepłej wodzie i dobrze wymieszaj. Podłącz hak do wyrabiania ciasta do miksera i przy niskiej lub średniej prędkości zacznij dodawać ciepłą wodę i mieszankę drożdży, aż do całkowitego połączenia, a następnie olej. Mieszać z tą samą prędkością przez 10 minut.

e) Wyjmij ciasto z miski miksera i ugniataj przez kilka minut. Ciasto delikatnie oprószyć mąką, włożyć do miski i przykryć folią spożywczą. Odstaw ciasto w ciepłe miejsce na 1 godzinę.

f) Rozgrzej piekarnik do 180°C/356°F/gaz 4.

g) Zagniataj ciasto przez kilka minut na lekko posypanej mąką powierzchni. Podziel ciasto na dwie części i każdą rozwałkuj na prostokąt o wymiarach 35 x 25 cm i grubości 3 mm. Wyłóż blachę do pieczenia papierem do pieczenia i umieść jeden z prostokątów na dnie.

h) Nałóż mieszankę papryki i tuńczyka, pozostawiając 1,5 cm marginesu ze wszystkich stron.

i) Umieść drugi zrolowany prostokąt na wierzchu mieszanki i za pomocą palców złóż oba brzegi, ściskając ciasto palcami, aby uszczelnić i zaznaczyć granicę. Ostrym nożem naciąć środek empanady, aby para mogła się wydostać.

j) Z resztek ciasta możesz zrobić dekoracje na empanadę. Posmaruj empanadę żółtkiem wymieszanym z odrobiną wody i piecz w piekarniku przez 35 minut lub do uzyskania złotego koloru.

70. galicyjska empanada

Porcje: 4 porcje

SKŁADNIKI:
CIASTO
- 250 g mąki pszennej (lub 175 g mąki pszennej i 75 g mąki kukurydzianej)
- 75ml ciepłej wody
- 50 ml oliwy z oliwek
- 25 ml białego wina
- 20 g świeżych drożdży
- 1/2 łyżeczki soli
- 1 jajko (do umycia jajka)

POŻYWNY
- 225 g dorsza, odsolonego
- 1 duża cebula, posiekana
- 1 duża czerwona papryka, posiekana
- 2 ząbki czosnku, posiekane
- 2 łyżki sosu pomidorowego
- 1 szklanka rodzynek
- 1 łyżeczka papryki w proszku
- 2 łyżki oliwy z oliwek
- 1 łyżeczka soli

INSTRUKCJE:
CIASTO
a) Umieść mąkę w dużej misce.
b) Drożdże rozpuścić w ciepłej wodzie. Dodaj do miski. Dodaj oliwę z oliwek, białe wino i sól do miski.
c) Rozpuść drożdże w ciepłej wodzie i dodaj wszystkie składniki do miski. Miksuj na niskich obrotach przez 5 minut, aż ciasto będzie gładkie.
d) Zacznij mieszać łyżką, a następnie rękami. Umieść ciasto na czystym blacie kuchennym i zagniataj, aż będzie gładkie. Zajmuje to 8-10 minut. Uformuj go w kulkę.

e) Posyp miskę mąką i umieść kulkę w środku. Przykryć ściereczką i odstawić na 30 minut.

POŻYWNY

f) Podgrzej 2 łyżki oliwy z oliwek na dużej patelni na małym i średnim ogniu. Wymieszaj posiekaną cebulę, paprykę i czosnek. Dodaj sól i gotuj na średnim ogniu, aż będą miękkie i złociste. Około 15 minut.

g) Dorsza pokrój na małe kawałki. Dodaj dorsza na patelnię. Dodaj sos pomidorowy, rodzynki i paprykę w proszku. Wymieszaj i gotuj przez 5 do 8 minut. Nadzienie musi być trochę soczyste. Odłożyć na bok.

h) Uformuj ciasto i upiecz (patrz film poniżej)

i) Ciasto podzielić na dwie równe części, jedna będzie spodem, druga przykrywką.

j) Rozgrzej piekarnik 200ºC. Grzałka górna i dolna. Umieść papier do pieczenia na blasze do pieczenia.

k) Rozciągnij jeden z kawałków wałkiem do ciasta, aż uzyskasz cienki arkusz o grubości około 2-3 mm.

l) Umieść ciasto na blasze do pieczenia.

m) Rozłóż nadzienie na cieście, ale zostaw trochę miejsca wokół krawędzi, aby zamknąć empanadę.

n) Rozciągnij drugi kawałek ciasta. Musi być tego samego rozmiaru co pierwszy arkusz. Połóż go na nadzieniu. Uszczelnij krawędzie.

o) Posmarować powierzchnię roztrzepanym jajkiem i piec przez 30 minut na złoty kolor. 200ºC.

p) Wyjąć z piekarnika i pozostawić do ostygnięcia przed zjedzeniem.

71. **Empanady z Turcji**

Wychodzi około 4 porcji

SKŁADNIKI
- 1 szklanka gotowanego indyka, pokrojonego w kostkę
- 11/3 szklanki sera Cheddar, startego
- 4 uncje Zielone papryczki chili w puszce, odsączone
- 1 szklanka mąki pełnoziarnistej
- ¼ szklanki mąki kukurydzianej
- 2 łyżeczki soli
- 1/3 szklanki masła
- ¼ szklanki zimnej wody
- 1 Łyżeczka Mleka
- 4 łyżeczki mąki kukurydzianej (do posypania)

a) Rozgrzej piekarnik do 400 F.
b) Wymieszaj indyka, ser i chili; odłożyć na bok.
c) W osobnej misce wymieszaj mąkę, mąkę kukurydzianą i sól. Pokrój masło, aż cząstki będą wielkości małego groszku (mikser do ciasta ułatwia to zadanie).
d) Posyp wodą i mieszaj mikserem do ciasta lub widelcem, aż z ciasta będzie można uformować kulę. W razie potrzeby dodaj trochę więcej wody. Ciasto podzielić na dwie równe części.
e) Przełóż jedną porcję na posypaną mąką stolnicę i rozwałkuj na kwadrat o boku 11 cali. Umieść na lekko naoliwionej blasze do ciastek. Rozłóż połowę mieszanki z indyka na połowie kwadratu ciasta, zbliżając się do 1-1/2 cala od krawędzi. połową ciasta i zacisnąć krawędzie, aby się skleiły.
f) Powtórz tę procedurę z drugą porcją ciasta i resztą mieszanki z indyka. Rogaliki posmarować mlekiem.
g) Posyp pozostałą mąkę kukurydzianą na wierzchu. Piec w temperaturze 400 F przez 25 minut lub do uzyskania złotego koloru.
h) Pozostawić do lekkiego ostygnięcia; pokroić w kliny do podania.

72. Salsa Verde Złote Empanady z Kurczaka

Porcja: 12 empanad
SKŁADNIKI
- 1 szklanka mięsa z piersi kurczaka bez kości, bez skóry, drobno posiekanego
- ¼ szklanki salsy verde
- ⅔ szklanki startego sera Cheddar
- 1 łyżeczka mielonego kminku
- 1 łyżeczka mielonego czarnego pieprzu
- 2 zakupione schłodzone ciasta z pudełka o wadze co najmniej 14,1 uncji (400 g)
- 1 duże jajko
- 2 łyżki wody
- Spray do gotowania

a) Spryskaj kosz frytownicy sprayem do gotowania. Odłożyć na bok.
b) Połącz mięso z kurczaka, salsę verde, Cheddar, kminek i czarny pieprz w dużej misce. Mieszaj, aby dobrze wymieszać. Odłożyć na bok.
c) Rozłóż ciasto na czystej powierzchni roboczej, a następnie użyj dużej foremki do ciastek, aby wyciąć koła o średnicy 3½ cala tak bardzo, jak to możliwe.
d) Z pozostałych skórek uformować kulkę i spłaszczyć koło o takiej samej grubości jak oryginalna skórka. Wytnij więcej 3½-calowych kółek, aż uzyskasz łącznie 12 kółek.
e) Zrób empanady: Podziel mieszankę kurczaka na środku każdego koła, około 1½ łyżki stołowej. Brzegi koła zwilż wodą. Złóż koło na pół nad nadzieniem, aby uzyskać kształt półksiężyca i naciśnij, aby się zapieczętowało, lub możesz nacisnąć widelcem.
f) W małej misce ubij jajko z wodą.
g) Ułóż empanady na patelni i spryskaj sprayem do gotowania. Posmarować roztrzepanym jajkiem.
h) Umieść koszyk frytownicy powietrznej na blasze do pieczenia i wsuń do pozycji rusztu 2, wybierz Air Fry, ustaw temperaturę na 350ºF (180ºC) i ustaw czas na 12 minut.
i) Odwróć empanady w połowie czasu gotowania.
j) Po zakończeniu gotowania empanady będą złociste i chrupiące.
k) Natychmiast podawaj.

73. Pikantne Tempeh Empanadas

Przepis na 6 empanad

SKŁADNIKI
- 8 uncji tempeh
- 2 łyżki oliwy z oliwek
- 1 średnia żółta cebula, drobno posiekana
- 2 ząbki czosnku, posiekane
- 1/2 łyżeczki suszonego oregano
- 1/2 łyżeczki mielonego kminku
- 1/2 łyżeczki mielonej czerwonej papryki
- 11/2 łyżeczki soli
- 1/4 łyżeczki czarnego pieprzu
- 1/2 szklanki ketchupu
- 1/2 szklanki rodzynek
- 1/4 szklanki świeżego soku pomarańczowego
- 11/2 szklanki mąki uniwersalnej
- 1/2 szklanki żółtej lub białej mąki kukurydzianej
- 1 łyżeczka cukru
- 1 łyżeczka proszku do pieczenia
- 1/2 szklanki wegańskiej margaryny
- 1/3 szklanki plus 2 łyżeczki mleka sojowego
- 2 łyżeczki musztardy Dijon

W średnim rondlu z gotującą się wodą gotuj tempeh przez 30 minut. Dobrze odsączyć, posiekać i odstawić.

Na dużej patelni rozgrzej olej na średnim ogniu, dodaj cebulę i czosnek, przykryj i smaż, aż zmiękną, 5 minut.

Wymieszaj posiekany tempeh, oregano, kminek, zmiażdżoną czerwoną paprykę, 1/2 łyżeczki soli i czarny pieprz. Gotuj jeszcze 5 minut, następnie zmniejsz ogień do niskiego poziomu i wymieszaj z keczupem, rodzynkami i sokiem pomarańczowym. Gotuj, aż smaki się połączą, a płyn odparuje, około 15 minut. Odstawić do ostygnięcia.

Rozgrzej piekarnik do 400 ° F. W robocie kuchennym połącz mąkę, mąkę kukurydzianą, cukier, pozostałą 1 łyżeczkę soli i proszek do pieczenia. Miksuj pulsacyjnie. Dodaj margarynę, mleko sojowe i musztardę.

Wyrabiaj, aż powstanie miękkie ciasto.

Podziel ciasto na 6 równych kawałków i rozwałkuj je na 7-calowe koła na lekko posypanej mąką powierzchni roboczej.

Podziel mieszaninę nadzienia na połowę każdego koła ciasta. Złożyć drugą połowę ciasta na nadzienie i zacisnąć krawędzie, aby zamknąć nadzienie w środku.

Piec na złoty kolor, od 25 do 30 minut. Podawać na gorąco.

74. Szybkie empanady pinto-ziemniaczane

Przepis na 4 empanady

SKŁADNIKI
- 1 1/2 szklanki ugotowanej lub 1 (15,5 uncji) puszki fasoli pinto, odsączonej i wypłukanej
- 1 mały pieczony rudy ziemniak, obrany i grubo posiekany
- 1/2 szklanki salsy pomidorowej, domowej roboty (patrz Fresh Tomato Salsa) lub kupionej w sklepie
- 1/2 łyżeczki chili w proszku
- 1/2 łyżeczki soli
- 1/4 łyżeczki świeżo zmielonego czarnego pieprzu
- 1 arkusz mrożonego ciasta francuskiego, rozmrożonego

a) Rozgrzej piekarnik do 400 ° F. W średniej misce lekko rozgnieć fasolę widelcem. Dodaj ziemniaki, salsę, chili w proszku, sól i pieprz. Dobrze rozgnieść i odstawić.
b) Ciasto rozwałkować na lekko posypanej mąką stolnicy i podzielić na ćwiartki.
c) Nałóż mieszankę fasolową na cztery kawałki ciasta, równo dzieląc. Na każdą empanadę zawiń jeden koniec ciasta nad nadzieniem, tak aby stykał się z przeciwległym końcem ciasta.
d) Użyj palców, aby uszczelnić i zacisnąć krawędzie, aby zamknąć nadzienie. Za pomocą widelca przekłuj górę empanad i umieść je na nienatłuszczonej blasze do pieczenia.
e) Piec na złoty kolor, około 20 minut.

75. Empanady opalane drewnem

Robi: 4

SKŁADNIKI:
- Ciasto Empanada
- 1 funt mielonej wołowiny
- 2 Cebule, pokrojone w kostkę
- 4 łyżki. Masło
- 1 łyżeczka. Papryka
- 1 łyżeczka. Kminek
- 1 łyżeczka. Pokruszony czerwony pieprz
- Sól i pieprz do smaku
- ¼ szklanki zielonych oliwek, bez pestek i pokrojonych w kostkę
- 2 jajka na twardo, pokrojone w kostkę
- 1 Jajko z wodą do umycia jajka

INSTRUKCJE:
a) Na patelni umieść masło, dodaj cebulę i umieść patelnię w piekarniku w pobliżu ognia.
b) Zdejmij patelnię i dodaj mieloną wołowinę. Mięso doprawiamy papryką, kminkiem, mieloną czerwoną papryką, solą i pieprzem.
c) Mieszaj, aby włączyć, rozbijając wołowinę i umieść ją w piecu opalanym drewnem, od czasu do czasu mieszając.
d) Wyjmij wołowinę z piekarnika, gdy się zrumieni, poczekaj, aż ogień zgaśnie i pozwól mięsu ostygnąć. Przechowuj w lodówce posiekane oliwki i jajka na twardo, aż będą gotowe do użycia.
e) Lekko oprószoną mąką powierzchnię oprószamy mąką i oddzielamy skorupki empanady. Napełnij każdą rundę łyżką mieszanki mięsnej.
f) Zwilżyć brzeg ciasta francuskiego, złożyć na pół i skleić brzegi.
g) Ułóż empanady na blasze wyłożonej papierem do pieczenia.
h) Posmaruj empanady roztrzepanym jajkiem i włóż blachy do pieczenia do piekarnika.
i) Piec przez 10-12 minut lub do zbrązowienia.

76. Czekoladowe empanady z orzechami laskowymi

Robi: 16

SKŁADNIKI:
- 1 duży dojrzały banan, obrany i pokrojony w kostkę
- 1 szklanka Nutelli
- 2 chłodzone 9-calowe muszle do ciasta
- 2 łyżki wody
- 2 łyżki cukru granulowanego
- lody cynamonowe

INSTRUKCJE:
a) W misce dodaj nutellę i banana i mieszaj, aż dobrze się połączą.
b) Ciasto wyłożyć na lekko oprószoną mąką stolnicę i pokroić na 2 równej wielkości części.
c) Teraz zwiń każdy kawałek w prostokąt o wymiarach 14 x 8 cali i grubości ¼ cala.
d) Za pomocą 3-calowej foremki do ciastek wytnij 8 kółek z każdego prostokąta ciasta.
e) Umieść około 1 czubatą łyżeczkę mieszanki Nutelli na każdym kółku ciasta.
f) Mokrymi palcami zwilż brzegi każdego kółka.
g) Złóż ciasto na nadzienie i dociśnij krawędzie, aby się skleiły.
h) Na dnie wyłożonej folią blachy do pieczenia ułożyć empanady.
i) Każdą empanadę posmarować wodą i posypać cukrem.
j) Włożyć do zamrażarki na około 20 minut.
k) Ustaw piekarnik na 400 stopni F.
l) Gotuj w piekarniku przez około 20 minut.
m) Ciesz się ciepłem razem z lodami cynamonowymi.

HISZPAŃSKA PIZZA

77. **koka katalońska**

Tworzy: 2

SKŁADNIKI:
Na bazę do pizzy
- 1 szklanka białej mąki chlebowej
- ½ szklanki mąki pełnoziarnistej
- ½ szklanki mąki uniwersalnej zwykłej
- ¾ łyżeczki szybko działających drożdży suszonych, zwanych też drożdżami instant
- ½ łyżeczki soli
- ½ łyżeczki cukru
- 1 łyżka oliwy z oliwek
- 1 ½ łyżki jogurtu naturalnego, np. po grecku
- ¾ szklanki ciepłej wody

Na polewę
- 1 cebula
- 1 czerwona papryka
- 4 łyżki oliwy z oliwek
- 1 łyżeczka papryki

INSTRUKCJE:
a) Aby zrobić ciasto na pizzę, umieść mąkę, drożdże, sól i cukier w dużej misce i wymieszaj. Zrób małe zagłębienie w środku i dodaj olej, jogurt i wodę i ostrożnie wymieszaj razem w ciasto. Będzie lekko mokry i lepki. Wyłóż ciasto na oprószoną mąką powierzchnię i ugniataj przez około 5 minut, odciągając ciasto od siebie wierzchem dłoni, składając rozciągniętą część na wierzchu reszty ciasta, obracając o 90 stopni, a następnie powtarzając. Dodaj trochę więcej mąki, jeśli to konieczne. Po około 5 minutach powinno przestać być lepkie. Wyczyścić naczynie do mieszania, lekko natłuścić, a następnie uformować z ciasta kulę i włożyć do miski. Przykryć folią spożywczą/plastikiem i odstawić w ciepłe miejsce na około godzinę, ewentualnie dłużej, aż podwoi swoją objętość.
b) Gdy ciasto rośnie, przygotuj nadzienie. Cebulę i paprykę drobno pokroić. Rozgrzej olej na średniej patelni / patelni i smaż cebulę,

regularnie mieszając, na średnim ogniu, aż zmięknie. Dodaj paprykę i smaż dalej, aż cebula zacznie się karmelizować (będzie bardzo miękka i lekko brązowa, ale się nie pali). Odłożyć na bok.

c) Jak gotowe do gotowania

d) Gdy wszystko jest gotowe do przygotowania pizzy, rozgrzej piekarnik do 220°C. Włóż blachy do pieczenia do piekarnika, aby się nagrzały.

e) Zagnieść ciasto na pizzę (po wyjęciu z miski uderzyć je palcami) i podzielić na 2 części (można też zrobić jedną dużą pizzę lub kilka mniejszych). Trzymaj kawałki, z którymi nie pracujesz, na jednej stronie, przykryte, podczas gdy pracujesz nad jedną pizzą.

f) Rozwałkuj ciasto na pizzę w koło lub prostokąt, jak wolisz i jak pasuje do blachy do pieczenia/blachy. Rozwałkuj go tak cienko, jak to możliwe i przenieś na kawałek pergaminu. Powtórz z pozostałym ciastem.

g) Posyp pizzę mieszanką cebulowo-pieprzową, a następnie posyp papryką.

h) Pieczemy około 10-12 minut, aż spód będzie lekko brązowy. Odetnij spalone kawałki cebuli i podawaj.

78. hiszpańskiPizza z chorizo

Składniki na: 1 dużą pizzę

SKŁADNIKI:
- 1 przepis na tradycyjne włoskie ciasto podstawowe
- Pokrojone zielone oliwki bez pestek, pół szklanki
- 1 czerwona papryka, zwęglona i pokrojona w kostkę
- Suszone pomidory, w oleju
- Rozdrobniona mozzarella, 6 uncji
- Pokrojone hiszpańskie chorizo, 4 uncje
- 1 ząbek czosnku, pokrojony w ćwiartki
- Ogolone Manchego lub Parmigiana, 3 uncje

INSTRUKCJE:
a) Zmiksuj czerwoną paprykę, suszone pomidory i czosnek na gładką masę.
b) Rozłóż mieszaninę na cieście.
c) Na wierzchu ułożyć pokrojony ser i plastry chorizo.
d) Rozłóż ser Manchego na wierzchu pizzy po uprzednim rozrzuceniu oliwek.
e) Piec przez około 15 minut.

79. **Pizza z małżami, kiełbasą i orzechami laskowymi**

Składniki na: 1 dużą pizzę

SKŁADNIKI:
- 1 przepis na tradycyjne włoskie ciasto podstawowe
- Rozdrobnione Manchego, 6 uncji
- Posiekane, prażone, obrane orzechy laskowe, 6 łyżek
- Wędzona słodka papryka, ½ łyżeczki
- Suszone hiszpańskie chorizo, 4 uncje
- 1 czerwona cebula, pokrojona w kostkę
- Posiekane małże w puszkach, odsączone i wypłukane 10 uncji

INSTRUKCJE:
a) Uformuj z ciasta okrąg o średnicy 14 cali.
b) Zrób to, trzymając krawędzie i ostrożnie obracając i rozciągając ciasto.
c) Rozłóż skórkę i wiórki sera na wierzchu.
d) Wymieszaj cebulę z wędzoną papryką i rozsmaruj na cieście.
e) Posyp serem.
f) Rozłóż kostki kiełbasy na wierzchu.
g) Na wierzchu pizzy ułóż równą warstwę małży i orzechów laskowych.
h) Piecz lub grilluj przez 16 do 18 minut.

OWOCOWY CHLEB HISZPAŃSKI

80. Pieczony hiszpański chleb jagodowy

Porcje: 8 porcji

SKŁADNIKI:
- 16 uncji włoskiego chleba
- 4 jajka
- ½ szklanki mleka o niskiej zawartości tłuszczu 2%.
- ¼ łyżeczki proszku do pieczenia
- 1 łyżeczka wanilii
- 2½ szklanki Jagód, mrożonych lub świeżych
- ½ szklanki) cukru
- 1 łyżeczka cynamonu
- 1 łyżeczka skrobi kukurydzianej
- 2 łyżki masła, stopionego
- ¼ szklanki cukru pudru

INSTRUKCJE:
a) Pokrój chleb po przekątnej, aby utworzyć kawałki o grubości 8¾ cala, usunięte pięty. Ułóż kromki chleba w naczyniu do pieczenia o wymiarach 10 na 15 cali.
b) W średniej misce ubij razem jajka, mleko, proszek do pieczenia i wanilię.
c) Powoli wlej mieszaninę na chleb, obracając każdy plasterek, aby całkowicie się pokrył. Przykryj naczynie folią spożywczą i wstaw do lodówki na co najmniej 1 godzinę, ale najlepiej na całą noc.
d) Rozgrzej piekarnik do 425 stopni. Pokryj kolejne naczynie do pieczenia o wymiarach 10 na 15 cali nieprzywierającym sprayem do gotowania. Jagody wyłożyć na dno naczynia.
e) Wymieszaj cukier, cynamon i skrobię kukurydzianą i wylej na jagody. Ciasno ułożyć kromki chleba na jagodach, najbardziej mokrą stroną do góry. Chleb posmarować roztopionym masłem.
f) Piecz hiszpańskie tosty na środku piekarnika przez 20 do 25 minut lub do uzyskania złotego koloru.

g) Aby podać, połóż tosty - jagodami do dołu - na ogrzanych talerzach. Wymieszaj pozostałą mieszankę jagodową w naczyniu do pieczenia, a następnie nałóż na tosty.
h) Posypać cukrem pudrem.

81. Chleb Orkiszowy Z Pomarańczą

Składniki: 1 bochenek

SKŁADNIKI:
KROK 1
- ½ pomarańczy normalnej wielkości

KROK 2
- kawałki skórki pomarańczowej
- 7 uncji zakwasu żytniego
- 1 szklanka (200 ml) wody o temperaturze pokojowej
- ½ łyżki soli 1 łyżeczka kopru włoskiego
- około 6–7 szklanek (600–700 g) mąki orkiszowej, przesianej

INSTRUKCJE:
a) Obierz pomarańczę. Gotuj skórkę w wodzie przez kilka minut. Wyjmij z wody i pozwól mu lekko ostygnąć.

b) Za pomocą łyżki zeskrob białą część po wewnętrznej stronie skórki. Pokrój skórkę na małe kawałki.

c) Wymieszaj wszystkie składniki, ale powoli dodawaj kilka ostatnich szklanek mąki. Mąka orkiszowa nie wchłania płynów w takim stopniu jak zwykła mąka pszenna. Dobrze ugniataj.

d) Pozostaw ciasto do wyrośnięcia na około 30 minut.

e) Z ciasta uformować okrągły bochenek i ułożyć na natłuszczonej blasze do pieczenia. Niech ciasto wyrośnie, aż podwoi swoją objętość; może to potrwać do kilku godzin.

f) Piec w temperaturze 400°F (200°C) przez około 25 minut.

g) Chleb po wyjęciu z piekarnika posmarować wodą.

82.   Chleb pszenny z kiełkami jagodowymi

Porcja: 1 porcja

SKŁADNIKI:
- ¾ szklanki wody
- 2 łyżki margaryny/masła
- 1 łyżka cukru
- 1½ łyżeczki soli
- ½ szklanki kiełkujących jagód pszenicy
- 2½ szklanki mąki chlebowej
- 3 łyżki odtłuszczonego mleka w proszku
- 1½ łyżeczki drożdży

INSTRUKCJE:
a) Około 2-3 dni przed pieczeniem chleba namocz ½ szklanki jagód pszenicy w zimnej wodzie na noc.
b) Użyj słoika przykrytego gazą lub słoika do kiełkowania. W porannym odpływie.
c) Opłucz i osusz co najmniej 2 razy dziennie lub częściej, aż pojawią się „ogony". Ogony mogą mieć długość od ⅛ do ¼ cala. Kiełki jagód pszenicy nie powinny być dłuższe niż sama jagoda.

83. Hiszpański chleb gruszkowy

Porcja: 1 porcja

SKŁADNIKI:
- ½ szklanki puree gruszkowego
- 1 łyżka oleju roślinnego
- 1 łyżka miodu
- 1 jajko
- ⅓ łyżeczki soli
- ⅛ łyżeczki pieprzu czarnego; grubo zmielony
- 1½ szklanki mąki chlebowej
- 1 łyżeczka aktywnych suchych drożdży

PRZY DŹWIĘKU DODAJ:
- ¼ szklanki Suszone gruszki; pokrojone w kostkę

INSTRUKCJE:
a) Pieczemy w Wypiekaczu Chleba.

ZIOŁOWY CHLEB HISZPAŃSKI

84. Hiszpański chleb z kremem bazyliowym

Porcje: 8 porcji

SKŁADNIKI:
- 1 bochenek hiszpańskiego chleba – niekrojony
- 3 uncje Serek śmietankowy
- ¼ łyżeczki bazylii
- ¼ łyżeczki czosnku
- 2 łyżki margaryny
- 2 łyżki Parmezanu

INSTRUKCJE:
a) Cały bochenek przekroić poziomo, rozsmarować masę na dolnej połowie. Zawinąć w folię Piec 350 F. 15 - 20 minut.
b) Metoda grillowania; po zawinięciu w folię umieść 6 cali od węgli, na 13 - 20 minut obracając dwukrotnie w czasie grillowania.

85. Hiszpański chleb ziołowy

Porcja: 1 porcja

SKŁADNIKI:
- 6 filiżanek mąki
- Drożdże suche 2 opakowania
- 1 opakowanie mieszanki sosu ranczo
- 1½ szklanki maślanki
- ½ szklanki wody
- ¼ szklanki Skrócenie
- 1 jajko
- 1 łyżka stopionego masła lub margaryny

INSTRUKCJE:

a) W dużej misce miksera wymieszaj 2 szklanki mąki, drożdże i 3 łyżeczki suchego sosu do sałatek. Zarezerwuj pozostałą mieszankę. Podgrzej maślankę, wodę i tłuszcz, aż będą ciepłe (120-130~), tłuszcz nie musi się stopić.

b) Dodaj do mieszanki mąki. Dodaj jajko. Mieszaj, aż zwilżą; ubijać 3 minuty na średnich obrotach.

c) Stopniowo dodawać tyle mąki, aby uzyskać zwarte ciasto. Zagnieść na dobrze posypanej mąką powierzchni, aż będzie gładkie i elastyczne (5-10 minut). Umieść w natłuszczonej misce; obrócić, aby nasmarować górę. Okładka; wstaw do nagrzanego piekarnika (włączyć najniższą moc na 1 minutę, następnie wyłączyć) na 20 minut.

d) Uderz ciasto; podzielić na 2 części. Na lekko posypanej mąką powierzchni rozwałkuj lub poklep każdą część na prostokąt o wymiarach 12 x 7 cali. Zaczynając od dłuższego boku, zwinąć szczelnie zlepiając krawędzie i końce. Ułożyć łączeniem do dołu na wysmarowanej tłuszczem blasze.

e) Wykonaj ukośne nacięcia w odległości około 2 cali od siebie na wierzchu bochenków. Okładka; pozostawić do wyrośnięcia w ciepłym piekarniku, aż się rozjaśni i podwoi, około 30 minut.

f) Piec w nagrzanym piekarniku 375 ~ przez 25 do 30 minut.

g) Ciepłe posmarować roztopionym masłem; posypać 1 łyżeczką zarezerwowanej mieszanki sosów sałatkowych. Ostudzić na stojakach z drutu.

86. Chleb Rozmarynowy

Składniki: 1 bochenek

SKŁADNIKI:
- 3 uncje (80 g) zakwasu pszennego
- 2 szklanki mąki pszennej
- ½ szklanki (125 ml) wody o temperaturze pokojowej
- 3½ łyżeczki świeżych drożdży
- 1 łyżeczka soli
- 1 łyżka oliwy z oliwek
- świeży rozmaryn

INSTRUKCJE:
a) Wymieszaj wszystkie składniki oprócz oleju i rozmarynu, aż uzyskasz gładkie ciasto. Pozwól mu rosnąć przez 20 minut.
b) Rozwałkuj ciasto i uformuj prostokąt o grubości około jednej dziesiątej cala (3 mm).
c) Posmarować oliwą z oliwek. Posiekaj rozmaryn i posyp wierzch ciasta. Następnie zwijamy ciasto od krótszego boku prostokąta. Zabezpiecz końce.
d) Pozostaw chleb do wyrośnięcia na około 30 minut i wykonaj głębokie nacięcie na środku bułki tak, aby widoczne były wszystkie warstwy. Pozwól mu rosnąć przez kolejne 10 minut.
e) Początkowa temperatura piekarnika: 475°F (250°C)
f) Umieść chleb w piekarniku. Wlej szklankę wody na dno piekarnika. Obniż temperaturę do 400°F (210°C) i piecz przez około 20 minut.
g) Posmaruj ciasto olejem i równomiernie rozłóż rozmaryn.
h) Zroluj ciasto. Ściśnij końce razem.
i) Naciąć chleb po wyrośnięciu.

87. Chleb Na Zakwasie Z Zieloną Herbatą

Wychodzi: jeden bochenek

SKŁADNIKI:
- 1 szklanka (250 ml) mocnej zielonej herbaty, letniej
- 7 uncji zakwasu pszennego
- 1 Łyżki soli
- 5 filiżanek (600 g) mąki pszennej oliwy z oliwek do miski

INSTRUKCJE:
a) Składniki wymieszać i dobrze zagnieść. Odstawiamy ciasto do wyrośnięcia w natłuszczonej i przykrytej misce na 1 godzinę.

b) Delikatnie wylej ciasto na stół do pieczenia. Powinno lekko wypłynąć.

c) Delikatnie złóż bochenek i umieść go na natłuszczonej blasze do pieczenia. Pozwól mu rosnąć przez kolejne 30 minut.

d) Początkowa temperatura piekarnika: 475°F (250°C)

e) Włóż chleb do piekarnika i spryskaj dno piekarnika szklanką wody. Zmniejsz temperaturę do 400°F (200°C).

f) Chleb pieczemy około 25 minut.

CHLEB HISZPAŃSKI Z ORZECHAMI I NASIONAMI

88. Hiszpański chlebek nadziewany orzechami laskowymi

Ilość na: 2 duże bochenki
SKŁADNIKI:
- 2 łyżki suchych drożdży
- 2½ szklanki ciepłej wody (105-110 F.)
- 7 filiżanek mąki chlebowej, nie przesianej
- 1 łyżka soli
- 1 łyżka masła; stopiony
- 1 Białko jajka; zmieszane z...
- 1 łyżka wody
- Mąka kukurydziana do posypania
- 2 ząbki czosnku; posiekana
- 1 łyżka musztardy Dijon
- ¾ szklanki Drobno posiekanych orzechów laskowych (Orzechy laskowe Oregon)
- ⅓ szklanki oliwy z oliwek
- ½ szklanki posiekanych suszonych pomidorów
- ¼ szklanki masła, miękkiego
- 1 szklanka startego szwajcarskiego sera

INSTRUKCJE:

a) Dokładnie wymieszać wszystkie SKŁADNIKI nadzienia: razem i odstawić.

b) Drożdże rozpuścić w ciepłej wodzie. Dodaj sól i masło, mieszaj, aż dobrze się połączy. Zagniataj, aż ciasto będzie elastyczne i gładkie, około 10 minut.

c) Włożyć do natłuszczonej miski, przykryć i odstawić do podwojenia objętości na około 1 godzinę. Podziel ciasto na 2 części i rozwałkuj na podłużne kawałki 15x12 cali. Każdą posmarować połową nadzienia. Zwijaj uszczelnienie podczas zwijania. Ułożyć na wysmarowanej tłuszczem blasze posypanej mąką kukurydzianą, łączeniem do dołu. Odstaw do podwojenia objętości, około 1 godziny.

d) Na każdym bochenku wykonaj 3 lub 4 ukośne nacięcia. Piec w 450 piekarniku przez 25 minut.

e) Wyjąć, posmarować mieszanką białek i wody, piec jeszcze 5 minut.

f) Aby uzyskać najlepsze rezultaty, utrzymuj bardzo gorący piekarnik i umieść patelnię z 1 cal wody na dolnej półce. Ta para stworzy klasyczną chrupiącą skórkę dobrego hiszpańskiego chleba.

89. Chleb Orzechowy

Składniki: 2 bochenki

SKŁADNIKI:
- 2 szklanki wody o temperaturze pokojowej
- 16 uncji zakwasu żytniego
- 3¾ szklanki mąki pszennej
- 2¼ szklanki mąki orkiszowej, przesianej
- 2¼ szklanki drobnej mąki żytniej
- 1½ łyżki soli
- 2½ szklanki całych orzechów laskowych
- oliwa z oliwek do miski

INSTRUKCJE:
a) Wymieszaj wszystkie składniki oprócz soli i orzechów. Ciasto dobrze zagnieść.
b) Dodać sól i orzechy i zagnieść ciasto.
c) Umieść ciasto w plastikowej misce posmarowanej olejem i pozostaw do wyrośnięcia na około 3 godziny.
d) Oddziel i uformuj z ciasta 2 bochenki i umieść je na natłuszczonej blasze do pieczenia. Zostawiamy do wyrośnięcia na kolejną godzinę.
e) Początkowa temperatura piekarnika: 525°F (270°C)
f) Umieść bochenki w piekarniku i zmniejsz temperaturę do 450 ° F (230 ° C).
g) Piecz bochenki przez 30-40 minut.

90. Chleb Orzechowy

Składniki: 1 bochenek

SKŁADNIKI:
- 2 szklanki wody o temperaturze pokojowej
- 14 uncji zakwasu żytniego
- 4 szklanki niezmieszanej mąki żytniej
- 4 szklanki mąki pszennej
- 14 uncji całych orzechów włoskich
- 3½ łyżeczki soli
- oliwa z oliwek do miski

INSTRUKCJE:
a) Wymieszaj wszystkie składniki oprócz orzechów włoskich i soli. Zagniataj, aż ciasto będzie gładkie.
b) Gdy ciasto będzie dobrze ugniecione, dodaj sól i orzechy włoskie. Kontynuuj ugniatanie przez kolejne kilka minut.
c) Następnie umieść ciasto w naoliwionej misce i przykryj ściereczką.
d) Pozostaw ciasto do wyrośnięcia na około 2 godziny.
e) Umieść ciasto na oprószonym mąką blacie i uformuj okrągły bochenek.
f) Pozostaw do wyrośnięcia na natłuszczonej blasze do pieczenia na około 30 minut.
g) Początkowa temperatura piekarnika: 475°F.
h) Włóż chleb do piekarnika i spryskaj dno piekarnika szklanką wody. Zmniejsz temperaturę do 450 °F.
i) Chleb pieczemy około 30 minut.
j) Gdy ciasto będzie dobrze ugniecione, dodaj sól i orzechy włoskie. Ponownie ugniataj przez kilka minut.
k) Po wyrośnięciu ciasto przekroić na dwie części.
l) Kawałki lekko spłaszczyć na blasze do pieczenia.

91. Chleb Anyżowy

Składniki: 1 bochenek

SKŁADNIKI:
- 3 szklanki drobno zmielonej mąki żytniej
- 2½ szklanki mąki orkiszowej, przesianej
- 10½ uncji zakwasu żytniego
- ½ łyżki soli
- 4 łyżeczki (20 g) cukru surowego
- 1¼ szklanki piwa o niskiej zawartości alkoholu, temperatura pokojowa
- ½ uncji zmiażdżonego anyżu
- 1¾ uncji siemienia lnianego

INSTRUKCJE:
a) Wymieszaj wszystkie składniki. Ciasto będzie dość klejące. Pozostaw w temperaturze pokojowej na około 1 godzinę.
b) Lekko oprószyć ręce mąką i delikatnie zagnieść ciasto. Z ciasta uformować dużą, okrągłą bułkę i ułożyć na natłuszczonej blasze do pieczenia.
c) Niech chleb wyrośnie, aż podwoi swoją objętość. Może to potrwać kilka godzin.
d) Początkowa temperatura piekarnika: 450°F (230°C)
e) Umieść chleb w piekarniku i spryskaj dno filiżanką wody. Zmniejsz temperaturę do 350°F (180°C) i piecz przez 45-55 minut.

92. Chleb Słonecznikowy

Porcje: około 15-20 bułek

SKŁADNIKI:
- 1¾ łyżeczki świeżych drożdży
- 1¼ szklanki wody o temperaturze pokojowej
- 3 szklanki drobno zmielonej mąki żytniej
- 2½ szklanki mąki pszennej
- 7 uncji zakwasu żytniego
- 1 Łyżki soli
- 3 łyżki miodu
- ⅔ szklanki nasion słonecznika
- 1 Łyżki kminku

INSTRUKCJE:
a) Drożdże rozpuścić w niewielkiej ilości wody. Dodaj wszystkie składniki i dobrze wymieszaj.
b) Odstaw ciasto do wyrośnięcia w ciepłe miejsce, aż podwoi swoją objętość. Zajmie to 1–2 godziny.
c) Z ciasta uformować od piętnastu do dwudziestu małych bułek. Układamy je na wysmarowanej tłuszczem blasze i odstawiamy w ciepłe miejsce do podwojenia objętości.
d) Piec w temperaturze 350°F (180°C) przez około 10 minut.
e) Po wyrośnięciu zagnieść ciasto i uformować długi wałek.
f) Pokrój ciasto na piętnaście do dwudziestu kawałków.
g) Uformować okrągłe bochenki i ułożyć na blasze do wyrośnięcia, aż podwoją swoją objętość.

93. Chleb z kiełków lucerny z pestek dyni

Porcje: 15 porcji

SKŁADNIKI:
- 1 opakowanie drożdży
- 2½ szklanki mąki Better for Chleb
- 1 szklanka mąki pszennej
- 2 łyżki glutenu
- 1¼ łyżeczki soli
- ⅓ szklanki Natychmiastowe odtłuszczone mleko w proszku
- 1 szklanka kiełków lucerny; 11 uncji
- ½ szklanki pestek dyni; pakowane/zielone niesolone
- 2 łyżki oleju roślinnego
- 1 łyżka miodu
- 1½ szklanki Bardzo ciepłej wody

INSTRUKCJE:
a) Dodaj wszystkie składniki w podanej kolejności, wybierz biały chleb w wypiekaczu do chleba i naciśnij „Start".

94. Chleb Z Serem I Sezamem

Składniki: 3 bochenki
SKŁADNIKI:
DZIEŃ 1
- 8½ uncji zakwasu pszennego
- 1½ szklanki wody o temperaturze pokojowej
- 1½ szklanki mąki z pszenicy durum
- 1½ szklanki mąki pszennej

DZIEŃ 2
- 1 Łyżki soli
- 2¼ szklanki startego sera, takiego jak dojrzewający szwajcarski lub ementaler
- ½ szklanki prażonych nasion sezamu
- 3⅔ szklanki mąki pszennej
- oliwa z oliwek do miski

INSTRUKCJE:
a) Składniki dokładnie wymieszać i odstawić do lodówki na około 12 godzin.

b) Wyjmij ciasto z lodówki z dużym wyprzedzeniem, aby nie było zbyt zimne. Dodaj sól, ser, sezam i mąkę. Im bardziej suchy ser, tym mniej mąki będziesz potrzebować. Dobrze wymieszaj i odstaw do wyrośnięcia w natłuszczonej misce przykrytej folią aluminiową, aż ciasto podwoi swoją objętość.

c) Ostrożnie rozłóż ciasto na stole i pokrój na trzy części. Delikatnie uformować okrągłe bochenki. Bochenki ułożyć na wysmarowanej tłuszczem blasze i pozostawić do wyrośnięcia na około 30 minut.

d) Początkowa temperatura piekarnika: 450°F (230°C)

e) Włóż chleb do piekarnika i zmniejsz temperaturę do 400°F (210°C). Piec przez około 30 minut.

f) Ziarna sezamu uprażyć na suchej patelni. Pozostaw ziarna sezamu do ostygnięcia przed wymieszaniem ciasta.

g) Gdy ciasto będzie gotowe, ostrożnie uformuj okrągłe bochenki.

h) Gdy bochenki wyrosną przez trzydzieści minut, posyp je mąką i delikatnie wykonaj nacięcia na wierzchu bochenków przed włożeniem ich do piekarnika.

95. Hiszpański chleb sezamowy

Robi: 14

SKŁADNIKI:
- 7/8 szklanki wody
- 1 łyżka masła, zmiękczonego
- 3 szklanki mąki chlebowej
- 2 łyżeczki cukru
- 1 łyżeczka soli
- 2 łyżeczki drożdży
- 2 łyżki prażonych ziaren sezamu

INSTRUKCJE:
a) Dodaj każdy składnik do maszyny do pieczenia chleba w kolejności iw temperaturze zalecanej przez producenta maszyny do pieczenia chleba.
b) Zamknij pokrywę, wybierz hiszpański chleb, średnie ustawienie skórki w maszynie do chleba i naciśnij start.
c) Gdy automat do pieczenia chleba zakończy pieczenie, wyjmij chleb i umieść go na kratce do ostygnięcia.

CHLEB WARZYWNY I ZBOŻOWY

96. Zakwas Ziemniaczany

Tworzy: 1

SKŁADNIKI:
- 2 średniej wielkości ziemniaki, obrane
- 1 łyżeczka miodu
- 1 Łyżki mąki orkiszowej, przesianej

INSTRUKCJE:
a) Mieszaj ziemniaki, aż będą przypominać kleik. Wymieszaj z miodem i mąką orkiszową.
b) Przechowuj mieszaninę w słoiku z dobrze dopasowaną pokrywką. Mieszaj rano i wieczorem.
c) Ten zakwas zwykle zajmuje trochę więcej czasu niż inne, ale zdecydowanie jest wart dodatkowego czasu. Zajmie to 5–7 dni, zanim zostanie zrobione.
d) Starter jest gotowy, gdy mieszanina zacznie bulgotać. Od tego momentu wystarczy „nakarmić" ciasto, aby zachowało swój smak i zdolność do fermentacji.

97. <u>Chleb Marchewkowy</u>

Ilość: 2–3 bochenki

SKŁADNIKI:
- ½ szklanki mleka o temperaturze pokojowej
- 1¾ łyżeczki świeżych drożdży
- 1 Łyżki soli
- 3¾ szklanki mąki pszennej, pełnoziarnistej
- 1 szklanka płatków owsianych
- 5 uncji zakwasu pszennego
- 1 szklanka wody o temperaturze pokojowej
- 2 szklanki startej marchwi

INSTRUKCJE:
a) Połącz mleko i drożdże. Wymieszaj wszystkie składniki oprócz marchewki. Ciasto wyrabiać około 10 minut. Dodaj startą marchewkę i jeszcze trochę ugniataj.
b) Odstaw ciasto do wyrośnięcia na 60-90 minut w ciepłym miejscu.
c) Początkowa temperatura piekarnika: 475°F.
d) Włóż bochenki do piekarnika i piecz przez 10 minut.
e) Obniż temperaturę do 350 ° F i piecz jeszcze około 30 minut.
f) Upraż płatki owsiane na nieprzywierającej patelni.
g) Ciasto wyrabiać około 10 minut. Dodaj startą marchewkę.

98. chleb oliwkowy

Składniki: 2 bochenki

SKŁADNIKI:
- 10½ uncji zakwasu orkiszowego
- 6 szklanek (600 g) mąki orkiszowej, przesianej
- 1¼ szklanki wody o temperaturze pokojowej
- 1 Łyżki miodu
- 1 Łyżki soli
- ⅔ szklanki (150 g) oliwek bez pestek, najlepiej mieszanka zielonych i czarnych

INSTRUKCJE:
a) Wymieszaj wszystkie składniki oprócz oliwek. Dokładnie zagnieść. Ciasto powinno być dość „słabe". Rozwałkuj ciasto na „ciasto" o średnicy 12 cali (30 cm). Połowę oliwek posiekać. Dodaj posiekane oliwki i wymieszaj z całymi oliwkami. Ciasto zwinąć w rulon i odstawić na 2-3 godziny do wyrośnięcia. Ciasto przekroić na 2 części i uformować bochenki. Pozwól chlebom rosnąć przez kolejne 20 minut.
b) Początkowa temperatura piekarnika: 475°F (250°C)
c) Umieść chleb w piekarniku i zmniejsz temperaturę do 400°F (200°C). Piec około 30-40 minut.
d) Złóż ciasto na oliwkach.
e) Po 2-3 godzinach fermentacji ciasta przekrój ciasto na pół.
f) Uformuj chleb tak, aby wyrosła mieszanka oliwek.

99. **Chleb owsiany**

Składniki: 3 bochenki

SKŁADNIKI:
- 1 porcja zakwasu owsianego
- ½ szklanki (125 ml) wody o temperaturze pokojowej
- ½ łyżki soli
- 2 łyżeczki miodu
- około. 2½ szklanki mąki pszennej
- kilka płatków owsianych

INSTRUKCJE:

a) Wszystkie składniki oprócz płatków owsianych wymieszać i dobrze zagnieść. Pozostaw ciasto do wyrośnięcia na 2-3 godziny.

b) Z ciasta uformować trzy okrągłe bochenki. Posmarować wodą i zanurzyć chleb w płatkach owsianych. Pozostaw ciasto na wysmarowanej tłuszczem blasze do wyrośnięcia na kolejne 45 minut.

c) Pieczemy bochenki w temperaturze 190°C przez około 20 minut.

100. Chleb Z Soczewicy

Składniki: 1 bochenek

SKŁADNIKI:
- 1 porcja zakwasu z soczewicy
- ¼ szklanki oliwy z oliwek
- 2 łyżeczki soli morskiej
- ½ szklanki wody o temperaturze pokojowej
- 2 szklanki mąki pszennej

INSTRUKCJE:
a) Składniki wymieszać i dobrze zagnieść. Jeśli ciasto jest zbyt luźne, dodaj trochę więcej mąki. Ciasto wstawić na noc do lodówki.
b) Wyjąć ciasto i jeszcze trochę zagnieść. Z ciasta uformować bochenek i ułożyć na natłuszczonej blasze do pieczenia.
c) Niech chleb rośnie w lodówce przez około 12 godzin.
d) Wyjmij chleb z lodówki i pozostaw go w temperaturze pokojowej na 30 minut przed włożeniem do piekarnika. Pieczemy chleb w temperaturze 200°C przez około 30 minut.

WNIOSEK

Mam nadzieję, że z przyjemnością przygotujesz te przepisy. Od słodkich i cynamonowych churros po pikantne, ziołowe kromki chleba pomidorowego, każdy z tych hiszpańskich chlebów ma w sobie coś, co odróżnia go od pozostałych. Niezależnie od tego, czy chcesz zjeść pyszny chleb przypominający herbatniki do śniadania, potrzebujesz czegoś sycącego i smacznego na przekąskę w ciągu dnia, czy też chcesz połączyć coś z kolacją, ta lista ma to.

Ingram Content Group UK Ltd.
Milton Keynes UK
UKHW020612120623
423287UK00008B/26